KB195035

단단해지는 시간

삶이 흔들릴 때 붙들어야 할 영적 원리

단단해지는 시간

지은이 | 김형준
초판 발행 | 2021. 11. 17
2쇄 발행 | 2023. 11. 29
등록번호 | 제1988-000080호
등록된 곳 | 서울특별시 용산구 서빙고로 65길 38
발행처 | 사단법인 두란노서원
영업부 | 2078-3352 FAX | 080-749-3705
출판부 | 2078-3331

책값은 뒤표지에 있습니다.
ISBN 978-89-531-4099-8 03230

독자의 의견을 기다립니다.
tpress@duranno.com www.duranno.com

두란노서원은 바울 사도가 3차 전도여행 때 에베소에서 성령 받은 제자들을 따로 세워 하나님의 말
씀으로 양육하던 장소입니다. 사도행전 19장 8-20절의 정신에 따라 첫째 목회자를 돕는 사역과 평
신도를 훈련시키는 사역, 둘째 세계선교(TIM)와 문서선교(단행본·잡지) 사역, 셋째 예수문화 및 경배와 찬
양 사역, 그리고 가정·상담 사역 등을 감당하고 있습니다. 1980년 12월 22일에 창립된 두란노서원은
주님 오실 때까지 이 사역들을 계속할 것입니다.

단단해지는
시간

삶이 흔들릴 때
붙들어야 할
영적 원리

김형준
지음

두란노

어느 날 우리의 일상은
전혀 예상하지 못한 현실이 되었습니다.
인간이 자신이 가진 능력과 자원으로
모든 것을 할 수 있다는 자신감으로 차오를 때
팬데믹을 지나는 동안 우리는 스스로가
얼마나 연약한 존재인지를 알게 되었습니다.
그러면서 신앙의 본질과 기본으로
더 단단해져야 한다는 절박함을 느끼게 되었습니다.

정말 힘든 순간에 우리가 할 수 있는 일은 무엇일까요?
가장 중요한 일은
나를 도우시는 하나님을 떠올리는 것입니다.
하나님은 나의 형편과 사정을 다 아시는 분입니다.
풍랑에 요동치는 내 마음까지도 아시고
어떤 환경 가운데서도 우리를 지켜 주십니다.
그 하나님이 지금도 나와 함께하신다고 생각하면
흔들리지 않습니다.

우리는 앞으로 더 심각한 위기를 겪게 될지도 모릅니다.
이때에 우리가 우리 자신을 지키고
우리의 삶과 신앙도 더 단단해질 수 있는 방법은
바로 말씀을 통해
우리와 함께하시는 하나님을 찾는 것입니다.
이 책은 어둠 속에서 함께하시는 주님을 바라보면서
주님의 인도하심을 구하는 마음을 담은 고백입니다.

이 책이 있기까지 부족한 종을 사용하신
하나님의 은혜가 있었습니다.
아울러 동안교회 성도님들의 기도와
가족들의 사랑이 있었습니다.
그리고 두란노서원의 수고와 열정이 큰 힘이 되었습니다.
진심으로 이 책이 나오기까지 수고한
모든 분에게 감사한 마음을 전합니다.

동안교회 목양실에서
김형준

목차

첫 번째 시간

인생의
광풍을
지나려면

사도행전 27:14-26

오늘날 코로나19로 인해 이 땅에는 더 이상 안전하다고 여길 만한 곳이 사라졌습니다. 또한 경제는 1929년 시작된 세계대공황 이상으로 어려워질 것이라고 예측되고 있습니다. 전문가들은 한목소리로 이 위기가 생각보다 깊고 길 것이라고 경고합니다. 게다가 교회는 함께 모여서 예배하던 이전의 모습을 완전히 회복하지 못하고 있습니다. 사방이 위기입니다.

로마로 향하는 알렉산드리아 배에 탄 바울 일행도 유라굴로라는 광풍에 휩싸여 살 소망까지 잃어버릴 정도로 극심한 어려움을 겪었습니다. 왜 하나님은 초대 교회 선교의 마지막 부분을 기록한 사도행전 27장에서 이 사건을 우리에게 보여 주신 것일까요? 영적 거장인 사도 바울을 통해서 지금 우리가 깨닫기를 원하시는 모습이 있어서입니다. 즉 육적으로나, 영적으로나 '위기 가운데 어떻게 그리스도인답게 살 것인가?'를 알려 주시려는 것입니다.

그렇다면 바울을 통해, 그리스도인은 살 소망마저 잃게 할 만한 위기를 만났을 때 어떻게 극복해 내야 하는지에 대해 생각해 봅시다.

〉흔들리지 않는 정체성

첫째, "나는 누구인가?", 정체성을 묻고 답을 가져야 합니다.

사도 바울은 목숨이 경각에 달린 위기의 때에 자신의 정체성을 분명히 붙잡았습니다. 바울은 여러 날 동안 계속된 큰 풍랑과의 사투로 지칠 대로 지친 모든 사람 앞에서 "내가 속한 바 곧 내가 섬기는 하나님의 사자가"(행 27:23상)라고 말했습니다.

바울은 죽음의 순간에도 자신이 누구인지를 분명히 알고 있었습니다. '내가 속한 바'라는 말은 "나는 하나님께 속한 사람입니다"라는 선포입니다. 내가 속한 하나님은 천지를 창조하시고, 독생자를 이 땅에 보내 주셔서 죄인 중에 괴수인 나까지도 구원해 주셨을 뿐 아니라, 사망 권세를 이기고 부활하시어 영생을 주시는 하나님이시라는 의미입니다. 비록 죄수의 신분으로 로마에 압송되어 가는 처지이지만, 자신은 이 세상에 속한 사람들과는 다른 사람, 즉 하나님께 속한 사람이라는 확신 가득한 선언입니다. 이 땅에 살고 있지만 이 땅에 속하지 않은 하나님 나라 백성임을 스스로 되새기면서 선포한 것입니다.

또한 사도 바울은 "내가 섬기는 하나님"이라고 선언했습니다. '섬기다'의 헬라어 '라트리오'는 '경배하다', '예배하다'라는 뜻으로, 하나님을 예배하고 찬양한다는 의미입니다. 이 단어는 노예가 주인을 섬길 때 사용되었습니다. 당시 노예는 주인 앞에 무릎을 꿇고 자신의 모든 것을 바쳐서 주인의 뜻에 복종할 뿐 아니라 주인을 영화롭게 할 것이라는 맹세의 표시로 주인에게 입을 맞추었는데, 그 행위를 가리킵니다. 바울은 자신이 바로 그러한 하나님의 종이라고 한 것입니다.

바울이 만난 상황을 생각해 봅시다. 태풍은 몰아치고, 여러 날 동안 해도 별도 보이지 않아 날은 캄캄하고, 오래도록 먹지 못했습니다. 이후 고린도후서에서 그는 당시 상황을 떠올리며 "힘에 겹도록 심한 고난을 당하여 살 소망까지 끊어지고"(고후 1:8)라고 표현했습니다. 그처럼 고통스런 상황에서 바울은 그 순간에도 "나는 하나님을 예배하는 사람입니다"라고 고백했습니다. 하나님이 부르시는 곳이라면 언제 어디서나, 심지어는 삶과 죽음이 교차하는 절체절명의 위기 가운데서도 하나님을 예배하며 경배하는 자라고 자신을 소개한 것입니다.

풍랑 이는 배 위에서만이 아닙니다. 바울이 자기 정체성을 더 명쾌하게 드러낸 순간이 있는데, 앞선 사도행전 26장에 기록된 아그립바왕 앞에서였습니다. 그는 그리스도인들을 색출하는 일에 앞장섰던 자신이 다메섹 도상에서 회심하게 된 사건을 설명하는 와중에 자신이 박해하던 예수님이 자신에게 친히 하신 말씀을 담대하게 외쳤습니다. "일어나 너의 발로 서라 내가 네게 나타난 것은 곧 네가 나를 본 일과 장차 내가 네게 나타날 일에 너로 종과 증인을 삼으려 함이니"(행 26:16). 바울은 회심한 순간부터 자신은 하나님의 일을 위하여 '종'과 '증인'의 삶을 살아야 하는 존재라는 사실을 깨달았고, 그 정체성을 결코 놓치지 않았습니다.

종이란 어떤 존재입니까? 종에게는 어떤 선택권도 없습니다. 영화 《벤허》를 보면 쇠사슬에 묶인 노예들이 배 밑바닥에서 노를 젓는 장면이 나옵니다. 그들이 하는 일이라고는 그저 북 치는 자가 북을 치는 속도 및 강도에 따라서 있는 힘껏 노를 젓는 것뿐이었습니다. 또한 증인이란 어떤 존재입니까? '증인'의 원어는 '순교자'를 가리킵니다. 자신이 믿고 고백하는 바를 고수하되, 목숨까지 내어놓고 증거하는 사람이 바로 순교자입니다. 그가 바로 증인입니다.

바울은 유라굴로 광풍으로 죽음을 앞둔 순간, 자신이 믿고 종과 증인으로 섬기는 하나님이 자기와 함께하고 계심을 확신하며 담대하게 증거했습니다.

우리는 지금 전혀 경험해 보지 못한 일들을 겪고 있습니다. 어쩌면 앞으로 유라굴로 광풍 속 요동치는 배에 탄 사람들보다도 더 심각한 위기를 겪게 될지도 모릅니다. 이때에 우리가 우리 자신을 지키고 우리의 믿음도 더 단단해지게 할 수 있는 방법은 바로 바울처럼 정체성을 분명히 하는 것입니다.

교회를 다니기에 성도가 아니라, 진정으로 하나님께 속한 사람이며 하나님을 섬기고 예배하는 사람이라는 분명한 답을 내릴 수 있어야 합니다. 우리의 예배가 예배당에서뿐만 아니라 삶의 현장에서도, 광풍이 몰아치는 위기 가운데서도 드려지고 있는지 점검해야 합니다. 어떤 위기 가운데서도 자신이 하나님께 속해 있으며, 또한 하나님을 섬기는 종과 증인이라는 자기 정체성을 붙들고 있다면 우리는 반드시 이 광풍을 흔들림 없이 이겨 낼 것입니다. 반면에, 이 정체성을 바로 붙들지 않으면 구원의 여망마저 없어진 채 광풍에 떠밀려 다니는 알렉산드리아 배처럼 방황할 수밖에 없습니다.

우리는 오늘날 죽음의 현장에서 일어서서 절망에 빠진 사람들에게 살길을 제시해 준 사도 바울과 같은 존재가 되어야 합니다. 이를 위해 믿음의 정체성을 잘 간직하는 일이 필요합니다.

둘째, 위기 때에는 평소보다 더 주님의 말씀 듣기를 사모해야 합니다.

사도 바울은 위기의 때에 하나님의 말씀을 들었습니다. "하나님의 사자가 어젯밤에 내 곁에 서서 말하되"(행 27:23하). 잠시 바울이 말한 '어젯밤'의 상황으로 돌아가 봅시다. 말씀에 귀 기울이고 있는 바울이 처한 상황은 수일간 해와 별이 보이지 않아 낮인지 밤인지 분별이 안 되는 가운데 광풍이 거세게 몰아쳤습니다. 선주와 사공들은 짐들을 바다에 풀어 버리고 배의 기구들을 내버린 후 당황하고 있었습니다. 살 소망 없이 오래 먹지 못한 상태로 수일을 지냈습니다.

그런 상황에서 하나님이 사도 바울에게 가장 먼저 하신 말씀은 뜻밖에도 "바울아 두려워하지 말라"(행 27:24)였습니다. 그간 수많은 위기와 고초를 겪어 온 바울에게 더 이상 두려울 일이 무엇이 있었을까요. 사실 바울에게는 어울리지 않는 표현 같습니다. 그러나 하나님이 바울에게 두려워하지 말라는 말씀을 하신 이유는 바울 역시 당장이라도 집어삼킬 듯 위협적인 광풍에 두려워하고 있었기 때문입니다.

두려움은 소망이 없을 때 일어납니다. 걱정이나 염려와는 근본적으로 다른 감정입니다. 의지할 대상이 아무것도 없을 때 두려움이 찾아옵니다. 두려우면 나 자신에게서 일말의 가능성도 보이지 않습니다. 미래를 헤쳐 나갈 아무 방법도 없어 온몸에서 힘이 빠집니다. 과거에 더 열악한 상황에서 발휘했던 용기조차도 모조리 얼어붙고 맙니다.

바울도 우리와 똑같은 연약한 사람이었습니다. 환경과 자신의 연약함 앞에 두려워했습니다. 그런 바울이 두려움을 이겨 낼 수 있었던 이유는 그가 주님의 말씀을 매 순간 듣는 사람이었기 때문입니다. 죽음에서 부활하시고 사망 권세를 이기신 주님이 나와 함께하신다는 약속의 말씀을 붙들 때 두려움이 사라졌습니다. "이는 내가 약한 그때에 강함이라"(고후 12:10)라는 바울의 고백을 우리는 충분히 이해할 수 있습니다.

바울이 말한 '어젯밤' 하나님의 말씀이 배에 탄 모든 사람에게 들린 것은 아닙니다. 주님은 바울의 이름을 부르며 말씀하셨습니다. "바울아 두려워하지 말라"(행 27:24). 광풍이라는 두려운 현실에 모든 것이 흔들리고 무너지고 있는 그 순간에도 바울은 자신을 부르시는 주님의 음성에 귀를 기울이고 있었다는 사실을 알 수 있습니다. 바울은 바로 그 주님의 음성을 듣고 나서 두려움을 극복하고 자리에 일어서서 그 주님의 말씀을 선포할 수 있었습니다.

우리가 처절한 삶의 현실에서 두려움을 이길 수 있는 능력이 언제 생깁니까? 주님의 말씀을 귀 기울여 들을 때 생깁니다. 요한복음 1장 1절은 "태초에 말씀이 계시니라"라고 선포합니다. 말씀은 생명이며 빛입니다. 우리 인생이 어두움으로 가득 찰 때 우리가 들어야 하는 것은 하나님의 말씀이요, 우리가 보아야 하는 대상은 하나님이십니다. 하나님의 말씀이 우리를 살리고, 우리를 두려움에서 벗어나게 해 줍니다.

하나님의 말씀은 두려움에 당황하던 우리가 정신 바짝 차리고 내가 누구인지, 내가 거하고 있는 곳이 어디인지를 직시하도록 일깨워 줍니다. 성경은 우리 삶의 자리가 어디라고 말합니까? 시편 91편 기자는 "지존자의 은밀한 곳에 거주하며 전능자의 그늘 아래에 사는 자여"(시 91:1)라며 우리가 거한 자리를 명백히 밝힙니다. 지존자의 은밀한 곳, 전능자의 그늘 아래가 우리가 살아가는 삶의 자리입니다.

그로써 믿음의 확신이 생긴 시편 기자가 이어서 어떻게 선포합니까? "나는 여호와를 향하여 말하기를 그는 나의 피난처요 나의 요새요 내가 의뢰하는 하나님이라 하리니"(시 91:2). 이처럼 주님의 말씀은 내가 누구인지, 내가 어디에 거하고 있는지를 알려 줌으로써 우리로 하여금 두려움에서 벗어나게 해 줍니다.

힘들고 어려울 때 하나님의 말씀 듣기를 더욱 사모하고 의지적으로 듣고자 노력하지 않으면 말씀을 듣지 못하게 됩니다. 그러면 결국 두려움이라는 광풍에 휩쓸려 헤어 나오지 못하고 믿음의 길에서 떠날 수밖에 없습니다. 주님의 말씀이 필요합니다. 주님의 말씀에 귀 기울일 때 비로소 두려움 너머 하나님이 보입니다.

유라굴로 광풍 앞에서 바울과 일행을 살린 것은 바로 사도 바울을 통해 증거된 하나님의 말씀이었습니다. 바울은 사람들을 향해 이렇게 말했습니다. "여러분이여 내 말을 듣고 그레데에서 떠나지 아니하여 이 타격과 손상을 면하였더라면 좋을 뻔하였느니라"(행 27:21). 왜 이런 말을 했을까요? 지금이라도, 더 늦기 전에 빨리 하나님의 말씀 앞에 서자는 것입니다.

절망의 자리에서 소망을 줄 수 있는 사람은 하나님의 말씀을 듣는 사람입니다. 반복되는 일상을 잠시 멈추고 하나님의 말씀 앞에 서는 결단은 결코 소홀히 여길 만한 일이 아닙니다. 분명히 매 순간 말씀 앞에 서는 이들에게 하나님이 주시는 남다른 은혜가 있습니다. 순간순간 주님의 말씀을 듣다가 어렵고 힘든 순간이 찾아오면 더욱더 주님의 말씀 듣기를 사모해야 합니다.

〈 우리를 지탱해 주는 사명

셋째, 죽을 것 같은 위기에도 굴하지 않고 묵묵히 사명을 감당해야 합니다.

사도 바울은 온통 혼돈뿐인 위기 앞에서도 사명을 따라갔습니다. 사실 광풍이 몰아치고, 살 소망까지 끊어지고, 오래 먹지도 못한 사람들에게 사명이라는 것은 사치스러운 단어가 아닐까요? 생존 자체가 사명이라고 생각할 수밖에 없을 것입니다.

그러나 숨만 붙어 있으면 살아 있다고 말할 수 있습니까. 내가 무엇 때문에 살고 있으며 무슨 이유로 존재하는지, 삶의 의미를 찾은 사람만이 고난을 이겨 낼 수 있으며 더 나아가 그 고난 가운데서 보석 같은 진리를 발견해 냅니다. '왜 이토록 수고하는가? 왜 이토록 고통받아야 하는가?' 등 고난에 숨겨진 의미를 모르면 살 의욕도, 이겨 낼 이유도 발견하지 못합니다. 삶의 의미가 바로 사명입니다. 내가 살아야 하는 이유를 찾아야 하는 것입니다.

바울은 사명의 길을 떠났습니다. 그런데 모든 것이 끝날 것 같은 위기의 순간을 만나자 '과연 끝까지 사명을 감당할 기회가 내게 주어질까?' 하는 두려움이 엄습했을 것입니다. 그때 주님이 바울 곁에 서서 "네가 가이사 앞에 서야 하겠고"(행 27:24)라고 말씀해 주셨습니다. 로마에서도 복음을 전하겠다는 그의 소망을 이루어 주겠다고 약속하신 것입니다.

여기서 하나님이 바울에게만 소망을 주신 것이 아닙니다. 미친 듯이 사납게 휘몰아치는 풍랑 가운데서 소망을 잃고 죽음만 기다리던 275명도 하나님이 주신 소망의 수혜자였습니다. 시대가 영웅을 만든다지만, 진정한 영웅은 사명을 가진 사람입니다. 아무리 높고 귀한 자리에 있어도 사명이 없으면 아무 일도 할 수 없을뿐더러 고난을 헤쳐 나가기 어렵습니다.

사실 이 배에는 막강한 리더십을 가진 사람들이 있었습니다. 세계 최강 군대인 로마군의 백부장, 배에서 절대 권한을 가진 선장, 그리고 돈 많은 선주입니다. 그러나 풍전등화와도 같이 생명이 꺼지기 직전인 위기 상황에서는 그들 중 어느 누구도 아닌 사도 바울이 배에 탄 사람들의 운명을 결정하는 책임자가 되었습니다. 그가 바로 사명자입니다.

바울은 좌절한 사람들 가운데 서서 소망의 메시지를 전했습니다. "여러분이여 안심하라"(행 27:25). 그리고 얼마 후 육지에 가까워질 즈음 앞으로 276명이 모두 살기 위해서 해야 할 일을 백부장과 군인들에게 전했습니다. 군인들은 바울의 말대로 사공들이 도망하지 않도록 거룻줄을 끊어 떼어 버렸습니다.

이제 바울은 절망으로 포기했던 사람들에게 음식 먹기도 권하면서 "이것이 너희의 구원을 위하는 것이요 너희 중 머리카락 하나도 잃을 자가 없으리라"(행 27:34)라고 말했습니다. 그 후 떡을 가져다가 모든 사람 앞에서 하나님께 축사하고 떼어 먹기를 시작했고, 사람들은 다 안심하고 받아 먹었습니다.

생존을 위한 음식이 참 생명을 위한 영의 양식으로 바뀐 순간입니다. 배에 탄 사람들은 좌절과 절망 한가운데서 음식을 먹고 소망을 노래했습니다.

그러다 드디어 배를 육지에 댈 수 있게 되었습니다. 군인들은 죄수들이 헤엄쳐서 도망할까 염려되어 모두 죽이자고 건의했습니다. 하지만 이때 백부장이 바울을 살리기 위해서 모든 책임을 지는 모습을 보입니다. 하나님의 약속이 이루어지는 과정에서 백부장이 쓰임 받은 것입니다. 마침내 배에 탄 사람들은 다 상륙하여 구조되었습니다. 단 한 명도 상하지 않았습니다.

이 사건을 통해 어떤 변화가 있었을까요? 바울은 로마에서 하나님의 복음을 전하는 일이 얼마나 소중한가를 되새겼을 것입니다. 그리고 이러한 그의 믿음은 복음을 위해 순교하는 자리까지 나아가도록 용기를 주었을 것입니다. 아울러 위기 앞에 바울의 리더십으로 살길을 찾은 백부장, 선주, 선장을 통해 바울이 로마에서 복음을 전하기가 조금이라도 수월한 분위기가 조성되지 않았을까 추측해 봅니다.

오늘날 힘겨운 코로나19 사태를 해결해 가는 사람이 누구일까요? 정확하게 규정하면 바울처럼 사명을 가진 사람입니다.

언젠가 텅 빈 교회를 바라보면서 텅 빈 마음을 금할 수가 없었습니다. 그때 하나님이 제게 주신 깨달음이 있습니다. "이것은 너희의 사명이다"라는 것입니다. 지금까지 지역 사회를 섬겨 온 모든 사역은 결코 우리의 의가 될 수 없으며 마땅한 책무였고, 이제는 더 겸손하고 더 낮아져서 이웃을 섬기고 사랑하라는 하나님의 메시지였습니다.

코로나19 이후 한국은 더욱더 어려워질 것입니다. 물질주의는 더 팽배해질 것이고, 자기 이익을 위해 서로가 서로를 고발하고, 사랑은 점점 식어 가고, 쾌락을 위해 살아가는 수많은 일이 다양한 양상으로 벌어질 것입니다. 이러한 시대적 위기 상황에 우리가 감당해야 할 사명은 무엇일까요?

주님이 우리에게 주신 사랑을 묵묵히 이웃들과 나눠 그들도 믿음 안에 거하여 우리가 믿는 참된 소망을 함께 찬양할 수 있도록 하는 것입니다. 배 위에 백부장도, 선주도, 선장도 있었지만 죄수인 바울에게, 아니 정확히 말해 사명자인 바울에게 그 배의 운명이 맡겨진 것처럼, 주님은 바로 이 시대와 사회를 우리에게 맡겨 주셨습니다. 교회가 연합해 지역 사회의 영혼들을 섬기는 일을 계속해야 합니다. 그러다 어느 날 우리가 다시 한자리에 모여 하나님 앞에 함께 기도하고 예배드릴 때 더 큰 감격과 기쁨이 있을 것입니다.

우리는 이 위기 때에 어떻게 살아야 합니까? 사도 바울처럼 '나는 하나님께 속했으며 하나님을 섬기는 종과 증인으로서 하나님이 함께하시는 존재'라는 정체성을 분명히 확립해야 합니다. 그리고 힘써 주님의 말씀 듣기를 사모하는 삶을 살아야 합니다. 더 나아가 우리의 어려움과 고통만 볼 것이 아니라, 주님이 부탁하신 사명을 좇아 사명자로 살아야 합니다. 그때 우리는 광풍을 통해 오히려 하나님의 뜻을 이루어 가는 거룩한 주님의 사람으로 변화될 것입니다. 이것이야말로 고난의 시기를 살아가는 우리에게 주신 하나님의 또 다른 선물입니다.

최악의
상황에서도
최선을

역대하 7:11-16

출애굽 이후 이스라엘 역사상 가장 중요한 사건 중에 하나는 하나님의 성전을 짓는 일이었습니다. 솔로몬왕은 다윗을 이어 왕위에 즉위한 지 4년째 되는 해에 하나님의 성전 건축을 시작했고, 7년이 걸려 마침내 완공했습니다.

솔로몬은 하나님이 가르쳐 주신 규례대로 성전 건축을 마친 후 이스라엘의 모든 회중 앞에서 무릎을 꿇고 하늘을 향하여 손을 펴고 하나님께 기도했습니다(대하 6:12-42). 솔로몬은 모두 7가지 주제를 가지고 하나님 앞에 기도했는데, 기도를 마치자 불이 하늘에서부터 내려와 그가 예배드렸던 번제물과 제물들을 태웠습니다. 성전에 하나님의 영광이 가득했습니다. 하나님이 솔로몬의 기도를 열납하신 것입니다.

그로부터 13년이 지났습니다. 솔로몬은 왕위에 즉위한 지 24년째 되었을 때 여호와의 전과 왕궁 건축을 마쳤습니다. 솔로몬은 성전과 왕궁에 대하여 그가 마음속으로 이루고자 한 모든 것을 형통하게 다 이루었습니다. 바로 그때 하나님이 밤에 솔로몬에게 나타나셨습니다.

역대하 7장 11절을 메시지성경은 이렇게 번역합니다. "솔로몬은 하나님의 성전과 왕궁을 건축하는 일, 곧 그가 마음먹었던 모든 일을 마쳤다. 모든 것이 성공적으로 끝났고 만족스러웠다!" 성경학자들은 아마 이때부터 솔로몬의 신앙이 변질되기 시작했을 것이라고 추측합니다. 하나님이 나타나셔서 솔로몬에게 그가 과거에 기도했던 언약을 상기시키시면서 그 언약을 지킬 때와 지키지 않을 때 일어날 일을 7장 마지막 절인 22절까지 총 11절에 걸쳐 자세히 일러 주셨기 때문입니다. 아마도 솔로몬에게 필요하다고 느끼셨던 것이 아닌가 싶습니다.

그 밤 하나님이 솔로몬에게 나타나 말씀하신 것은 13년 전 솔로몬이 성전 건축 후 기도한 내용에 대한 응답이었습니다. 즉 이스라엘이 자연재해(가뭄과 메뚜기로 인한 기근 등) 혹은 전염병과 같은 재앙을 당했을 때 구원해 달라는 그의 간구에 대한 하나님의 응답이었습니다. 자연재해와 전염병은 고대에 인간이 가장 두려워한 것으로, 인간의 힘으로 어떻게 해 볼 도리가 없는 일이었습니다.

지금 이 하나님의 말씀이 우리의 가슴에 와 닿고 절박한 까닭은 어쩌면 우리의 상황과 너무나 비슷하기 때문이 아닐까요? 오늘날 한국 교회는 솔로몬 시대와 같이 복을 넘치게 받아 풍요로워 보이지만, 사실은 심각한 위기의 분기점에 서 있다는 위기의식을 많은 사람이 갖고 있습니다. 또한 전 세계가 언제 종식될지 모르는 전염병과 사투를 벌이고 있는 한가운데 서 있기 때문이기도 할 것입니다. 마치 하나님이 우리가 처한 최악의 상황을 다 알고 말씀하시는 듯합니다. 최악의 상황을 풀어 가시는 하나님의 최선의 방법이 이 말씀에 담겨 있습니다. 최악의 상황에서 최선을 이루시는 하나님의 방법은 과연 무엇일까요?

〉하나님의 주권 아래 사는 사람

첫째, 하나님의 절대 주권을 인정해야 합니다.

하나님은 우리를 향해 "내 이름으로 일컫는 내 백성"(대하 7:14)이라고 부르십니다. 우리를 가리켜 '하나님의 백성'이라고 불러 주시는 것입니다. 하나님의 백성은 하나님이 창조주이시며, 내 인생의 생사화복을 주관하시고, 절대적인 주권자이심을 믿는 사람입니다. 한마디로, 하나님께 속한 사람입니다. 아무리 자연재해와 전염병 등으로 상황이 최악이더라도, 낮아질 대로 낮아진 형편일지라도, 그래도 다스리시는 하나님을 믿고 하나님의 뜻을 이루어 가는 사람이 바로 하나님의 백성입니다.

초대 교회 당시에는 이러한 하나님의 백성을 향해 주변 사람들이 '그리스도인'이라는 별명을 붙여 주었습니다. '그리스도를 구세주와 주님으로 믿는 사람', '그리스도께 속한 사람', '그리스도를 닮아 가는 사람', '그리스도의 뜻을 따라 사는 사람'이라는 뜻입니다.

《초대 교회에 길을 묻다》(하늘씨앗, 2019)라는 책에 의하면, 예수 그리스도를 구세주와 주님으로 믿은 초대 교회 성도들은 언제나 이렇게 다짐했다고 합니다. "우리는 기도하는 사람이다. 우리는 그리스도의 종이다. 주님이 만나게 하신 형제자매는 친형제자매보다 더 가깝다. 이 세상이 아무리 절망스럽다 할지라도 우리는 절망을 이길 수 있는 절대 희망을 가지고 있다." 그들은 그러면서 끊임없이 자기가 누구인지(하나님의 백성, 그리스도의 사람), 누구의 다스리심 가운데 살아가는지(하나님의 주권 및 통치)를 되새긴 것입니다.

그런 그들은 로마 정부의 매서운 칼날과 채찍 앞에서도 복음을 부끄러워하지 않았습니다. 왜냐하면 복음은 나 같은 죄인을 살리시고 용서하시고 기다려 주시고 회복시켜 주시고 참된 소망과 변하지 않는 언약을 주신 하나님의 생명의 복음이기 때문입니다. 오히려 그런 이유로, 예수 그리스도를 믿는 사람들은 최악의 상황에서도 믿음으로 살아갈 수 있었습니

다. 이는 바울도 예외는 아니었습니다. "내가 복음을 부끄러
워하지 아니하노니 이 복음은 모든 믿는 자에게 구원을 주시
는 하나님의 능력이 됨이라 먼저는 유대인에게요 그리고 헬
라인에게로다 복음에는 하나님의 의가 나타나서 믿음으로 믿
음에 이르게 하나니"(롬 1:16-17).

　하나님이 찾으시는 하나님의 백성은 어떤 사람입니까?
최악의 상황, 구원의 소망이 전혀 없는 절망의 한복판에 서
서 "나를 구원하실 분은 절대 주권자이신 하나님이십니다"라
고 고백하며 하나님을 기다리는 사람입니다. 내 귀를 향해 수
없이 쏟아지는 조롱하고 핍박하고 무시하는 세상의 소리가
아닌, 하나님의 말씀 앞에 마음을 열고 '오늘 하나님이 나에
게 주시는 말씀은 무엇인가?'에만 귀를 기울이는 선택적 청취
를 하는 사람입니다.

　그리고 내 하나님을 기쁘시게 하는 삶을 살고자 오늘도 자
기 삶을 하나님 안에 두고 살아가는 사람이 바로 하나님이 '내
이름으로 일컫는 내 백성'이라고 말씀하신 바로 그 사람입니
다. 더 이상 나빠질 수 없는 최악의 상황에서도 하나님을 믿
는 믿음으로 하나님의 주권 안에 거하고자 몸부림치는 자, 하
나님께 울부짖는 자, 하나님의 긍휼과 자비를 구하며 함께 중
보 기도 하는 자, 그가 바로 하나님의 백성입니다.

　만약 최악의 상황에 압도되어 교회를 부끄러워하고 교회

와 거리 두기를 하는 분이 있다면, 여전히 죄악 가운데 있는 우리를 사랑하사 '내 이름으로 일컫는 내 백성'이라 불러 주시는 하나님을 찾을 때입니다.

〈 정직한 회개

둘째, 스스로를 살펴 회개해 하나님께로 돌이켜야 합니다.

하나님은 하나님의 이름으로 일컫는 하나님의 백성에게 "악한 길에서 떠나 스스로 낮추고 기도하라"고 말씀하십니다 (대하 7:14).

먼저, '악한 길에서 떠나'라는 말은 내가 걸어가던 악한 길에서 멈추어 설 뿐 아니라 그 길에서 돌이켜 다시 하나님께로 나아가는 바른길로 진입하라는 의미입니다. 또한 '스스로 낮추고'라는 말은 여호와의 재앙을 경험한 하나님의 백성이 취해야 할 태도를 가르쳐 줍니다. "재앙이 온 것은 다 내 죄 때문입니다"라고 자백하고 하나님께 긍휼과 자비를 구해야 한다는 것입니다. 아울러 '기도한다'는 것은 하나님의 관점에서 나와 세상을 바라보는 것입니다. 즉 기도를 통해 하나님의 마음과 하나님의 시선으로 나 자신과 나의 삶을 살피는 것입니다.

재앙과 환란 등 최악의 상황이 전부 다 인간의 죄와 그에 대한 하나님의 심판에서 기인한다고 단정 지을 수는 없습니다. 그러나 성경은 그 상황이 인간의 죄와 무관하다고는 이야기하지 않습니다. 그렇다면 재앙, 환란, 전염병 같은 최악의 상황이 닥쳤을 때 창조주시요, 온 우주를 다스리시며 역사를 주관하시는 하나님 앞에서 우리가 가장 먼저 해야 할 일이 있지 않을까요? 하나님 앞에 자신을 정직하게 세워 '나는 무엇을 잘못했는가?' 생각하며 내 삶과 생각 곳곳을 샅샅이 수색해 잘못을 찾고 하나님께 낱낱이 고하며 회개하는 것이지 않을까요? 이것이 바로 하나님의 주권 아래 살아가는 하나님의 백성이 취해야 하는 자세입니다.

《예배의 창문을 열라》(두란노, 2020)라는 책에 이런 내용이 나옵니다. 성경에서 자연재해와 전염병은 대체로 인간의 죄와 관련이 있습니다. 고대인들은 누가 이야기해 주지 않아도 자연재해나 전염병이 닥치면 하늘의 재앙이라 믿고, 자신들에게 문제가 있다고 생각해 두려워하며 자기 자신을 돌아보았습니다.

그러나 이성과 과학 문명이 발달한 오늘날은 자연재해나 전염병을 과학적 문제로만 봅니다. 마치 모든 문제의 원인을 다 알고 있으며 해석할 수 있는 듯 착각합니다. 물론 과학 기술의 진보는 인간이 미신으로 인한 막연한 두려움을 극복하게 도왔고 자연재해를 이해하는 데 많은 기여를 했습니다. 그러나 적어도 인간의 힘으로 도저히 극복이 불가능한 문제 앞에서조차 우선적으로 자기를 돌아보고 살피는 일을 더 이상 하지 않는다는 점에 대해서는 놓친 것이 아닌가 싶습니다.

요즘 우리는 그 어느 때보다도 매스컴에 많은 관심을 갖고 있습니다. 매일 쏟아지는 뉴스를 듣고 봅니다. 사실 매스컴은 정보 전달 기능을 가진 매체에 불과합니다. 그런데 오늘날 매스컴이 사람들의 기준이 되어 버리고 말았습니다. 그리스도인들이 세상을 바라보는 기준은 매스컴이 아니라, 하나님이셔야 합니다. 하나님을 기준으로, 우리가 처한 현실 상황 가운데 주님의 뜻이 무엇인지, 나 자신은 어떠한지를 살펴야 합니다.

어느새 우리 문화에 회개가 사라져 버렸습니다. 상대를 향한 비난, 분노, 비판, 편 가르기는 자리를 잡아 가는데 서로 사랑하고 함께 책임을 나누는 공동체성은 사라지고 없습니다. 사탄은 분열과 갈등 상황에 대해 양심에 화인 맞은 듯 무뎌지게 만드는 전략을 쓰고 있습니다. 저는 이것이 코로나19라는 전염병보다도 더 큰 재앙으로 이어질 수 있다고 생각하고 두려워합니다.

요나처럼 '이 폭풍은 나에 대한 경고'라고 생각할 수는 없습니까? 느헤미야와 다니엘처럼 '이 역사의 어둠과 문제는 나의 죄와 허물로 시작되었다'고 보는 영적 관점이 우리에게는 없습니까? 편하고 익숙해진 나의 모습 속에 하나님이 돌이키기를 원하시는 모습이 있는지 진지하게 돌아보아야 합니다. 최악의 상황을 만났을 때 하나님 앞에 자신을 더 정결하게 하고 믿음으로 살아갈 기회로 삼는 사람이야말로 진정한 회개의 사람입니다.

하나님은 솔로몬에게 하나님의 백성으로 하여금 그들의 악한 길에서 떠나 스스로 낮추고 기도하게 하라고 말씀하셨습니다. 최악의 상황에서 우리가 선택할 최선의 길을 알려 주신 것입니다. 그 길은 바로 '삶의 방향, 방식, 목적, 목표를 하나님이 기뻐하시는 것으로 돌이키는 것', 즉 회개입니다. 회개는 어려운 문제를 풀어 가시는 하나님의 최선책입니다.

〉 하나님의 얼굴을 마주할 때

셋째, 듣고 계시고 보고 계시는 하나님의 얼굴을 구해야 합니다.

악한 길에서 떠나 스스로 낮추어 기도하라고 하신 하나님은 이어서 "내 얼굴을 찾으면 내가 하늘에서 듣고 그들의 죄를 사하고 그들의 땅을 고칠지라"(대하 7:14하)라고 말씀하셨습니다. 여기서 '하나님의 얼굴을 찾으라'라는 말은 성경에서 하나님의 임재(평강)와 능력, 구원의 은총(자비와 긍휼)을 구할 때 주로 사용하는 표현으로서, 성경 곳곳에서 찾을 수 있습니다.

먼저, "여호와는 그 얼굴을 네게로 향하여 드사 평강 주시 기를 원하노라"(민 6:26)라는 말씀에서 하나님의 얼굴을 구하는 것은 곧 하나님의 평강을 구하는 기도입니다. 하나님이 임재하시어 주어지는 하나님의 평강입니다. 우리가 흔히 사용하는 인사말인 '샬롬'은 '평강'이라는 뜻으로서, '하나님의 임재를 간구하라'는 말입니다.

또한 "여호와와 그의 능력을 구할지어다 그의 얼굴을 항상 구할지어다"(시 105:4)라는 말씀에서 하나님의 얼굴을 구하는 것은 하나님의 능력을 구하는 기도입니다. 환란과 재앙이라는 최악의 상황과 그로 인한 두려움 속에서도 넉넉히 이겨 낼 수 있는 믿음, 담대한 능력을 달라고 하나님께 기도하라는 의미입니다.

마지막으로, 하나님의 얼굴을 구하는 것은 하나님의 백성에게 언약하신 구원의 은총을 베풀어 달라는 기도입니다. "여호와 하나님이여 주의 기름 부음 받은 자에게서 얼굴을 돌리지 마시옵고 주의 종 다윗에게 베푸신 은총을 기억하옵소서"(대하 6:42).

종합해서 말하면, 하나님이 솔로몬에게 나타나셔서 하나님의 얼굴을 찾으라고 하신 것은 재앙과 전염병과 두려움이라는 최악의 상황 가운데에서 하나님이 자기 백성에게 약속하신 평안과 구원의 은총을 베풀어 주시고 고난을 이겨 낼 능력을 달라고 간구하라는 의미입니다. 비록 죄와 허물이 있음에도 불구하고 긍휼과 자비를 내려 주셔서 구원해 달라는 간절한 소원을 하나님께 구하라는 뜻입니다.

고난의 때, 최악의 순간 가장 필요한 것이 무엇입니까? 하나님의 긍휼과 자비와 은혜입니다. 이것은 곧 십자가에 나타난 하나님의 사랑입니다. 나를 정죄하지 않으시고 용서하시고, 보혈로 내 죄를 씻어 주시고, 나를 하나님의 자녀 삼아 주시며 구속하신 하나님의 복음의 십자가야말로 나를 회복시키고 하나님 앞에 다시 나아가게 하는 놀라운 하나님의 능력입니다.

하나님이 하나님의 얼굴을 찾는 하나님의 백성에게 어떻게 응답하겠다고 약속하셨습니까?

먼저, 하나님은 부르짖는 백성에게로 향하여 그들의 기도를 듣겠다고 말씀하셨습니다. 자기 백성을 구원하겠다는 언약을 지키시겠다는 뜻입니다. "이제 이곳에서 하는 기도에 내가 눈을 들고 귀를 기울이리니 이는 내가 이미 이 성전을 택하고 거룩하게 하여 내 이름을 여기에 영원히 있게 하였음이라 내 눈과 내 마음이 항상 여기에 있으리라"(대하 7:15-16).

또한 하나님께 구할 때 죄를 사해 주겠다고 약속하셨습니다. "여호와께서 말씀하시되 오라 우리가 서로 변론하자 너희의 죄가 주홍 같을지라도 눈과 같이 희어질 것이요 진홍같이 붉을지라도 양털같이 희게 되리라"(사 1:18). 하나님은 우리를 용서해 주시고 은혜의 보좌 앞에 담대히 나아갈 수 있도록 길을 열어 주겠다고 말씀하셨습니다.

마지막으로, 하나님은 기도할 때 "그들의 죄를 사하고 그들의 땅을 고칠지라"(대하 7:14하)라고 약속하셨습니다. 회복과 풍요의 약속입니다. 즉 인간의 죄와 허물이 만들어 낸 이 땅의 저주를 치유해 주겠다고 하신 것입니다.

우리가 어디에서 예배를 드리든 하나님은 예배를 드리고 있는 우리를 주목하겠다고 말씀하셨습니다. 하나님의 이름으로 일컫는 하나님의 백성을 향하시겠다는 의미입니다. 이것이 바로 우리의 기도와 예배가 중단되지 말아야 하는 이유입니다. 최악의 절망과 두려움의 한가운데서 우리가 "우리의 구원이 하나님께 있으니 이 백성을 긍휼히 여겨 주옵소서"라고 간절히 기도하면 하나님은 그 백성의 기도를 들으시고 보시고 응답하겠다고 약속하셨습니다.

더 나아가 우리의 예배가 얼마나 소중한지 깨달아야 합니다. 이제 낙담과 패배감의 자리를 털고 일어나 다시 기도의 자리로, 예배의 자리로 나아가야 합니다. 우리의 기도를 듣고 응답하겠다는 하나님의 언약을 다시 붙들고 하나님께 기도하며, 가장 최악의 순간에 최선의 길을 열어 가시는 하나님의 말씀에 귀를 기울일 때입니다.

이 세상을 창조하시고 다스리시는 하나님의 회복 원리는 무엇입니까? 최악의 상황에서 하나님이 취하시는 최선의 길은 무엇입니까? 우리로 하여금 하나님의 주권 아래에서 하나님의 백성으로 살아가며 스스로 겸비하여 회개하며 하나님의 얼굴을 구하게 하시는 것입니다.

조롱과 박해와 어두움과 고난과 시련과 재앙이 우리의 삶을 둘러 덮칠 때 밤하늘에 반짝이는 별을 떠올립시다. 우리모두 보석처럼 아름다운 하나님의 백성이 됩시다. 기도하며 예배의 자리를 지키고, 믿음을 놓치지 않기 위해 꽉 부여잡고 하나님께 나아가는 바로 그 사람을 통해 하나님은 하나님의 역사를 열어 가십니다. 하나님은 당신이 그 사람이기를 원하고 계십니다.

우리의 기도를 듣고 응답하겠다는
하나님의 언약을 다시 붙들고 하나님께 기도하며
가장 최악의 순간에 최선의 길을 열어 가시는
하나님의 말씀에 귀를 기울일 때입니다.

거스르는
세상에서
힘겹거든

마가복음 6:45-52

제2차 세계대전이 발발했을 때 영국 런던이 첫 번째 폭격을 당했습니다. 이후 들려온 전세가 불리하다는 소식은 영국인들로 하여금 불안과 두려움과 공포에 휩싸이게 했습니다. 이때 영국 왕실과 수상 윈스턴 처칠(Winston Churchill)은 캔터베리 대주교인 윌리엄 템플(William Temple)에게 전 국민에게 보내는 희망의 메시지를 부탁했습니다. 이에 윌리엄 템플은 방송을 통해 영국 백성을 향한 소망의 메시지를 전했습니다. 다음은 그의 설교 중 일부입니다.

"국민 여러분, 잠시 후 이 땅의 모든 교회에서는 종이 울릴 것입니다. 종소리를 듣거든 모두 교회로 나아갑시다. 그리고 역사의 주인이신 전능하신 하나님을 바라봅시다. 지금이야말로 하나님의 인도하심을 받을 때입니다."

이 메시지를 들은 영국인들은 교회에 함께 모여 기도하는 시간을 가지며 큰 위로와 용기를 얻었다고 합니다. 오늘 이처

럼 어려운 때를 살아가는 우리도 각자가 있는 자리에서 하나
님께 예배드리고, 이 나라와 이 민족을 위해 기도한다면 오히
려 가장 힘들 때 등대가 되어 꼭 필요한 역할을 감당할 수 있
으리라고 믿습니다.

지금 우리는 한 번도 가 보지 못한 길을 가고 있습니다. 불
확실한 미래로 두렵고 불안한 우리에게 예수님은 무슨 말씀
을 하실까요? 바람이 거스르므로 앞으로 나아가지 못한 채 힘
겹게 애쓰기만 하는 고통의 시간에 하나님은 우리가 무엇을
하기 원하실까요? 그리고 우리는 무엇을 해야 할까요?

〉 날마다 주님을 기억하기

첫째, 나는 결코 혼자가 아니라는 사실과 나와 함께하시는 주
님을 기억해야 합니다.

예수님은 제자들에게 배를 타고 건너편 벳새다로 가게 하
시고 자신은 기도하러 산으로 가셨습니다. 예수님은 날이 저
물자 홀로 뭍에 계시다가 바람이 거스르므로 제자들이 힘겹
게 노 젓는 모습을 보셨습니다(막 6:47-48).

대개 우리는 힘겨울 때면 혼자라고 느끼곤 합니다. 그처럼
혼자서 사투를 벌이고 있다고 생각되는 고통의 순간, 주님은
무엇을 하고 계실까요? 주님은 그 시간 나를 결코 홀로 두지

않으시고 나를 위해 기도하고 계십니다. 따라서 우리는 나를 위해 기도하시며 나와 함께하시는 주님을 기억해야 합니다.

그렇다면 그 밤 예수님은 누구를 위해, 무엇을 기도하셨을까요?

먼저, 예수님은 자신을 위해서 기도하셨습니다. 예수님은 요한복음에서 "나의 양식은 나를 보내신 이의 뜻을 행하며 그의 일을 온전히 이루는 이것이니라"(요 4:34)라고 말씀하셨습니다. 예수님은 자신이 하나님의 뜻을 온전히 이루기를 기도하셨습니다. 다음으로, 예수님은 자기에게 주어진 하나님의 사람들인 제자들을 위해서 기도하셨습니다.

사도 바울은 우리를 위해 기도하시는 예수님에 대해서 이렇게 말했습니다. "누가 정죄하리요 죽으실 뿐 아니라 다시 살아나신 이는 그리스도 예수시니 그는 하나님 우편에 계신 자요 우리를 위하여 간구하시는 자시니라"(롬 8:34). 그리고 이어서 우리를 위한 예수님의 간구가 중단되지 않는 이유를 설명했습니다. "내가 확신하노니 사망이나 생명이나 천사들이나 권세자들이나 현재 일이나 장래 일이나 능력이나 높음이나 깊음이나 다른 어떤 피조물이라도 우리를 우리 주 그리스도 예수 안에 있는 하나님의 사랑에서 끊을 수 없으리라"(롬 8:38-39). 또한 그보다 앞선 로마서 8장 26절에서는 이렇게 말했습니다. "이와 같이 성령도 우리의 연약함을 도우시나니 우리는 마땅히 기도할 바를 알지 못하나 오직 성령이 말할 수 없는 탄식으로 우리를 위하여 친히 간구하시느니라."

우리는 혼자가 아니며, 주님이 우리를 위해 친히 기도하고 계신다는 사실을 기억해야 한다는 것입니다. 또한 성령이 우리 각자가 처한 상황에서 무엇을 기도해야 할지조차 모르는 우리 대신 말할 수 없는 탄식으로 우리를 위해 간구하고 계신다는 사실을 잊지 말라는 것입니다. 그리고 이어서 "우리가 알거니와 하나님을 사랑하는 자 곧 그의 뜻대로 부르심을 입은 자들에게는 모든 것이 합력하여 선을 이루느니라"(롬 8:28)라고 말했습니다.

사실 이 말씀은 사도 바울이 체험한 바울 자신의 신앙 고백입니다. 바울 역시 하나님을 믿고 복음 사역을 감당해 가면서 시련과 어려움과 환란과 두려움이 그의 삶에 엄습할 때 이 사실을 기억했던 것입니다. "하나님이 지금도 나를 위해 기도하고 계신다. 주님이 나와 함께 계신다"라는 사실 말입니다. 그로써 외롭고 고단한 길을 믿음으로 걸어갈 수 있었습니다.

혼자라는 생각이 들고 두려움이 찾아올 때 우리가 붙들어야 하는 것은 힘들고 어려운 순간 그 자체에 대한 기억이 아닙니다. '주님이 지금도 나를 위해서 기도하신다'는 사실입니다. 바다 한가운데 태풍이 몰아치고 배가 요동쳐 죽음에 대한 두려움에 사로잡힌 상황에서 주님이 제자들에게 하신 말씀은 곧 오늘 우리를 향한 말씀이기도 합니다. 그것은 바로 "너를 위해 기도하고 계시는 주님을 잊지 말라"는 것입니다.

주님은 우리의 연약함을 아십니다. 그리고 우리가 외로이 홀로 남았을 때 어떤 마음인지도 다 알고 계십니다. 그분은 겟세마네 동산까지 홀로 십자가라는 무거운 짐을 지셨기에 혼자 남은 자의 고통이 어떠한지, 얼마나 두렵고 얼마나 겁에 질려 있는지 누구보다 잘 아십니다. 이미 친히 체험하셨기 때문입니다. 주님이 먼저 그 길을 홀로 가셨습니다. 다 아시는 주님이 그 길에 서서 역시 두려워하고 불안에 떠는 우리에게 말씀하십니다. "내가 너를 위해 기도하고 있으니 안심하라." 이 사실을 기억하는 사람은 담대할 수 있습니다.

〉 날마다 주님을 바라보기

둘째, 우리를 찾아 우리에게 오신 주님만 봐야 합니다.

주님은 산 위에서 기도만 하고 계시지 않았습니다. 성경은 주님이 가장 힘들고 어려울 때 찾아오시는 분임을 여러 곳에서 이야기합니다. 여기서도 마찬가지로 주님은 제자들이 힘겹게 노 젓는 모습을 보시고 바다 위로 걸어서 곤경에 빠져 겁먹은 그들에게 오셨습니다. 그런 예수님을 본 제자들은 유령인가 하여 소리를 질렀습니다. 그들은 다 예수님을 보고 놀랐습니다(막 6:48-50).

여기서 예수님이 바다 위로 걸어서 오셨다는 것은 무슨 의미일까요? 다시 말해, 오실 수 없는 환경이지만 그럼에도 바다 위를 걸어서라도 오셨다는 것은 무슨 뜻일까요? 세상 그 누구도 도와줄 수 없는 어려운 상황이라 할지라도 우리 주님은 바다 위를 걸어서라도 우리를 찾아 우리에게 오실 수 있는 분이심을 기억하라는 것입니다.

하나님이신 예수님은 거룩한 몸을 입으셨지만 우리와 동일한 육체를 입고 이 땅에 오셔서 우리와 함께 계셨기에 우리를 찾아 우리에게 오실 수 있었습니다. 예수님이 성육신하신 이유가 여기 있습니다. 우리가 주님께로 갈 수 없기에, 주님이 친히 우리를 찾아오셔서 우리의 허물과 죄를 대신 짊어지고 십자가에 달려 돌아가신 것입니다.

성경은 예수님이 제자들을 찾아서 그들에게 오신 시각이 밤 사경쯤이라고 전합니다. 이스라엘 시간으로 새벽 3시부터 6시경입니다. 노를 젓고, 또 젓다 지쳐서 더 이상 어떤 노력도 할 수 없는 순간, 모든 것이 끝났다며 포기할 때쯤, 새벽 동 트기 직전, 매서운 바람이 불어닥치는 바로 그 시간, 주님은 올 수 없는 그 자리를 바다 위를 걸어서까지 찾아오셨습니다.

이때 바람이 거슬러 힘겹게 노 젓던 제자들은 바다 위로 걸어서 오시는 주님을 바라보았습니다. 비록 유령으로 착각해 깜짝 놀라 소리를 질렀지만 그들은 예수님을 보았습니다. 평행 본문인 마태복음 14장은 동일한 사건을 베드로와 관련해 좀 더 자세히 설명하고 있습니다. 제자들 모두가 바다 위로 걸어오시는 예수님더러 유령이라며 무서워 소리 지를 때 베드로는 예수님께 "주여 만일 주님이시거든 나를 명하사 물 위로 오라 하소서"(마 14:28)라고 말씀드렸습니다. 이후 사건은 우리가 잘 아는 대로입니다. "오라 하시니 베드로가 배에서 내려 물 위로 걸어서 예수께로 가되 바람을 보고 무서워 빠져 가는지라 소리 질러 이르되 주여 나를 구원하소서 하니"(마 14:29-30).

마태는 제자들이 환란 중에 무엇을 바라보아야 하는지를 베드로의 사건을 통해 강조하면서 설명합니다. 바람이 아니라 예수님을 바라보아야 한다는 것입니다. 우리는 어려울 때 오로지 내 문제만 바라봅니다. 그러나 주님은 우리가 믿음을 가지고 주님을 바라볼 때 능히 그 모든 문제를 해결할 수 있음을 가르쳐 주신 것입니다.

엘리노어 깁슨(Eleanor Gibson)과 리처드 워크(Richard Walk)라는 심리학자가 깊이를 지각할 수 있는 나이인 기어 다니는 유아(생후 6-14개월)를 대상으로 실험을 했습니다. 이 실험을 위해 '시각 절벽'이라는 시설을 만들었습니다. 강화 유리로 덮은 소형 절벽을 만들고 한쪽에 유아를, 반대편에 엄마를 두고 엄마가 아이를 부를 때 아이가 그 길을 건너 엄마에게로 올 수 있는지를 실험했습니다. 아이가 엄마에게로 가는 방법은 단 하나밖에 없었습니다. 엄마와 눈을 맞추고 건너도 된다는 엄마의 눈짓을 믿고 건너오는 것입니다. 엄마만 바라보는 아이는 낭떠러지 앞에서 멈춰 서지 않았습니다.

그런데 여기에 한 가지 실험이 더해졌습니다. 아이를 부르는 엄마의 표정이 변수였습니다. 실험 결과, 엄마의 얼굴이 무표정할 때 아이는 절벽을 건너지 못하고 멈춰 서 있었습니다.

이에 대해 한 그리스도인 심리학 박사는 이렇게 고백했습니다. "깎아지르는 듯한 낭떠러지, 불안하고 좌절하게 만드는 인생의 시각 절벽은 사실 알고 보면 건너갈 수 있는 길이다. 그 길을 건너는 방법은 단 하나, 나를 위해 십자가에 독생자를 내어 주신 하나님의 사랑을 의지하고, 그분께 시선을 두고, 그분을 신뢰하며 가는 것이다."

내 인생 앞에 놓인 깎아지르는 듯한 절벽을 바라볼 때 우리는 어떻게 해야 할까요? 더 이상 한 발자국도 내디딜 수 없는 상황에서 우리가 할 일은 무엇일까요? 우리 힘으로는 한 걸음도 앞으로 나아갈 수 없습니다. 그러나 우리를 사랑하시는 주님을 바라보며 "오라"는 예수님의 말씀에 순종하며 나아갈 때 우리는 능히 건너갈 수 있습니다. 이는 모세를 통해서나 여호수아 및 수많은 성경 인물과 신앙의 선배들의 삶을 통해 이미 증거된 사실입니다.

오늘날 세상은 전염병, 경제 위기, 관계 단절, 우울감 등을 무기로 우리에게 겁을 줍니다. 그러나 우리가 할 일은 두려워하는 것이 아닙니다. 우리의 시선을 우리를 찾아 우리에게 오셔서 우리를 향해 환하게 웃어 주시고, 우리를 여전히 사랑해 주시고, 십자가에서 보배 피를 흘리며 우리를 구속해 주신 하나님의 귀한 사랑에 맞추기만 하면 모든 어려운 순간을 넉넉히 이겨 나갈 수 있습니다.

세상 소식 앞에 두려워하거나 염려하지 마십시오. 낙담하지 마시기 바랍니다. 오늘도 주님이 우리를 부르십니다. 주님 앞에 서서 주님과 시선을 맞추면서 믿음으로 함께 걸어가자고 우리를 초청하십니다. 밤 사경쯤 바다 위를 걸어서 우리를 찾아 우리에게 오시는, 그리고 우리에게 바다 위를 걸어서 주님께로 "오라"고 하시는 주님의 말씀에 순종해 어려운 순간을 이겨 나가게 되기를 바랍니다.

〉 날마다 주님의 음성 듣기

셋째, 능력의 주님의 음성을 듣고 믿어야 합니다.

"그들이 다 예수를 보고 놀람이라 이에 예수께서 곧 그들에게 말씀하여 이르시되 안심하라 내니 두려워하지 말라 하시고"(막 6:50). 헬라어는 동사를 통해 주어를 결정하기에 주로 주어를 쓰지 않습니다. 간혹 주어를 쓰는 경우는 주어를 매우 강조한다는 의미가 담겨 있습니다. 여기에 '내니', 즉 '에고 에이미'라는 말은 하나님을 강조한 표현입니다. '에고 에이미'는 주님이 자신을 일컬어 어떤 분인지를 강조할 때 사용하시는 독특한 표현법으로, "내가 곧 길이요 진리요 생명이니"(요 14:6), "나는 선한 목자라"(요 10:11) 등의 말씀에서도 사용되었습니다.

하나님은 자기 스스로의 존재를 설명할 때 독특한 표현을 사용하십니다. 학자에 따르면, 주로 창조주 하나님의 능력을 표현할 때 '에고 에이미'가 사용된다고 합니다. 즉 본문에서 '내니'라는 말은 천지를 창조하시고, 능히 파도와 태풍까지도 주장하시는 주님이 바로 우리 예수님이심을 강조하기 위함인 것입니다. "배에 올라 그들에게 가시니 바람이 그치는지라 제자들이 마음에 심히 놀라니"(막 6:51).

본문의 사건이 있기 바로 전 주님은 물고기 두 마리와 보리떡 다섯 개로 능히 5,000명을 먹이시고 열두 광주리나 남게 하셨습니다. 이처럼 능력의 주님이 제자들에게 "내니 두려워하지 말라"고 말씀하셨습니다.

그렇다면 오늘 우리가 들어야 하는 음성은 무엇일까요? 바로 주님의 음성입니다. 우리가 믿고 따라야 하는 것은 창조주 하나님의 음성이요, 그분의 능력입니다. 주님은 우리에게 "결코 두려워하지 말고 어떤 상황에서든 능히 붙드시고 함께하시고 동행하시는 주님으로 인해 믿음으로 걸어가라"고 말씀하십니다.

～

지금 우리는 밤 사경 파도 및 태풍과 목숨을 내놓고 싸우던 제자들처럼 두려움을 상대로 힘겹게 싸워 가고 있습니다. 그러나 이 시간에도 나를 위해 아직도 기도하고 계시는 주님이 계심을 기억해야 합니다. 비록 외로운 방에 홀로 머물러 있다 할지라도 주님이 그 자리에 나를 찾아 나에게 오신다는 사실을 믿으십시오. 그리고 문제만 보지 말고 우리를 지극히 사랑하시는 주님께 눈을 맞추기 바랍니다. 열두 해 혈루병을 앓던 여인이 주님의 옷에 그 손이 닿았을 때 회복되었듯이 우리더러 "오라" 하시는 주님만을 바라보며 이 어둡고 끝이 없을 것 같은 터널을 헤쳐 나갈 수 있는 믿음이 있기를 바랍니다.

그리고 마지막으로 기억할 것은, 바로 우리가 믿고 들어야 하는 것은 주님의 음성이라는 사실입니다. 세상의 수많은 소리가 우리 귀에 들리지만, 우리로 하여금 듣고 믿음으로 일어서게 하는 소리는 오로지 주님의 음성뿐입니다. 주님의 언약뿐입니다. 그 약속을 다시 붙들고 어려움을 헤쳐 가며 밤 사경에 우리를 찾아 우리에게 오시는 주님을 만나기 바랍니다. 위험한 사건이 오히려 복된 기회가 될 것입니다.

우리를 사랑하시는 주님을 바라보며
"오라"는 예수님의 말씀에 순종하며 나아갈 때
우리는 능히 건너갈 수 있습니다.

감옥 속에서도
빛을 보는
비결

사도행전 16:25-34

베트남 전쟁이 한창이던 1965년부터 1973년까지 8년간 포로 수용소에서 포로 생활을 했던 미국의 제임스 스톡데일(James Stockdale) 장군은 극심한 고문을 20여 차례 받은 후 귀환했습니다. 이후 그는 해군 역사상 최초로 조종사 기장과 미국 의회 명예 훈장을 달아 3성 장군이 되었습니다. 기자들이 그에게 질문했습니다. "8년이라는 참혹한 포로 생활에서 어떻게 살아서 돌아올 수 있었습니까? 또한 어려움 중에 포로 생활 매뉴얼을 만들어 다른 포로들도 살아 나올 수 있도록 도운 비결이 무엇입니까?" 이에 스톡데일은 답했습니다.

"우리가 어떤 일을 만나느냐, 만나지 않느냐보다 더 중요한 것이 있다면 그 일에 임하는 자세입니다. 포로 생활을 하면서 중요한 마음은 '나는 반드시 살아서 돌아간다'는 믿음을 잃지 않는 것이었고, 한편 냉정하게 현실을 직시하는 관점을 갖는 것이었습니다. 그렇지 않으면 판단이 어려워졌습니다."

인생을 살다 보면 어려운 일을 많이 만납니다. 이때 중요한 것은 그 어려운 일이, 심지어 우리를 꼼짝 못하게 옭아맬 정도로 비참한 사건이라 할지라도 그 일 자체가 우리를 불행하게 만드는 것은 아니며, 우리가 그 일을 어떤 자세로 해결해 나가느냐가 관건이라는 점을 기억하는 것입니다. 문제를 마주하는 올바른 태도를 지적하는 것입니다.

사도 바울과 실라는 감옥에 갇혔습니다. 귀신 들려 점치는 여종에게서 귀신을 쫓아냈는데, 여종의 주인들이 그 일로 자기 수익이 끊겼다며 바울과 실라를 모함해 매를 때리고 감옥에 가두어 버렸습니다. 둘은 온몸이 상처투성이가 된 채 차꼬를 찼습니다. 차꼬는 죄인이 꼼짝 못하도록 발목에 채우는 족쇄로서, 특히 발목 부분에 쇠를 달아 조금만 움직이면 쇠가 살을 파고들어 고통을 가중했습니다.

바울과 실라가 그 감옥에서 차꼬를 차고 얼마나 고통스러웠겠습니까. 그러나 결론적으로 보면 바울이 매를 맞고 감옥에 갇히고, 그 밤 감옥에서 힘든 시간을 보낸 모든 일이 사실은 빌립보에 복음을 증거하는 일에 귀하고 복되게 쓰였다고 성경은 이야기합니다.

오늘날 전 세계가 어둠 가운데서 고통을 겪고 있습니다. 이 어려움에 휩쓸리지 않고, 오히려 하나님의 뜻 가운데서 "나는 이 어려움 때문에 새로워졌다"라고 고백할 수 있는 삶의 원리

를 그 밤, 인생에서 가장 어두운 곳 감옥에 갇혀 있던 바울과
실라에게서 찾아볼 수 있습니다.

〉 뜻밖의 계획

첫째, 내가 알지 못하는 순간에도 하나님은 인도하고 계심을
믿어야 합니다.

바울이 바나바와 제1차 전도 여행을 할 당시는 성령이 순
적하게 길을 열어 주셨고, 마지막 여행지인 루스드라와 더베
를 거쳐 돌아오게 해 주셨습니다. 그런데 제2차 전도 여행에
실라와 함께 갈 때는 이해하지 못할 일들이 일어났습니다. 바
울의 계획은 제1차 전도 여행지를 한 바퀴 돌면서 그 지역에
서 전도하고 난 후 성도들을 격려하고자 한 것이었는데, 하나
님이 그의 여정에 간섭하셨습니다.

가장 먼저 일어난 뜻밖의 사건은 루스드라에서 일어났습
니다. 바울은 제1차 전도 여행 당시 루스드라에서 돌에 맞았
는데 사람들이 죽은 줄 알고 성 밖에 갖다 버린 일이 있었습
니다. 그런데 그토록 박해와 고난을 받았던 루스드라와 더베
에 교회가 세워졌고, 믿는 사람이 많이 생겨났습니다. 그리고
가장 결정적인 사건이 있었는데, 바로 바울 이후 초대 교회를
이끈 지도자인 젊은 청년 디모데를 만난 것입니다.

성경을 보면 바울의 제2차 전도 여행 가운데 계속해서 이루어진 하나님의 간섭하심을 볼 수 있습니다. "성령이 아시아에서 말씀을 전하지 못하게 하시거늘 그들이 브루기아와 갈라디아 땅으로 다녀가"(행 16:6). 바울의 첫 번째 계획이 좌절되었습니다. 바울은 소아시아 지방을 다시 한 번 순회하면서 복음을 전하려고 했는데 성령이 소아시아에 말씀을 전하지 못하게 하셨습니다. 우리가 계획한 일을 하나님이 막으실 때 얼마나 좌절감이 밀려옵니까.

이어지는 7절은 "무시아 앞에 이르러 비두니아로 가고자 애쓰되 예수의 영이 허락하지 아니하시는지라"라고 전합니다. 두 번째 계획이 좌절되었습니다. 쉽게 말해, 지나가는 길에 복음을 전할 수도 있었는데 하나님이 막으신 것입니다. 또한 9절은 "밤에 환상이 바울에게 보이니 마게도냐 사람 하나가 서서 그에게 청하여 이르되 마게도냐로 건너와서 우리를 도우라 하거늘"이라고 말합니다. 세 번째 계획도 좌절되었습니다. 바울은 소아시아를 돌겠다고 했는데 성령은 마게도냐, 즉 유럽에 가서 도와주라고 하셨습니다.

이후 바울은 드로아에서 배를 타고 가서 에게해에서 내륙으로 약 16km 떨어진 지역에 위치한 빌립보로 갔습니다. 빌립보는 마게도냐의 첫 성이었습니다. 바울은 보통 선교할 때 유대인의 회당을 찾아갔는데 빌립보에는 회당도 없고, 환영

해 주는 사람도 없고, 지인도 없고, 아무것도 없었습니다. 하나님은 왜 그런 빌립보로 바울을 인도하셨을까요?

이후 바울은 안식일에 기도할 처소를 찾다가 문밖 강가에 앉아 모여 있는 여자들에게 말하다가 루디아라는 자색 옷감 장사를 만났고, 주께서 그 마음을 열어 주셔서 루디아는 예수님을 믿고 유럽 최초의 교인이 되었습니다. 게다가 루디아는 마음에 감동을 받아 바울에게 자기 집에 와서 유하라고 강권했습니다. 그래서 사실상 루디아의 집에서 유럽 최초의 교회가 시작되었습니다.

그리고 이어서 바울은 앞서 이야기했듯이 점치는 귀신 들린 여종을 만났습니다. 귀신 들린 여종이 바울과 일행을 여러 날 따라다니며 "이 사람들은 지극히 높은 하나님의 종으로서 구원의 길을 너희에게 전하는 자라"(행 16:17)라고 소리를 지르자 바울은 너무 괴로워서 그 귀신에게 명하여 "예수 그리스도의 이름으로 내가 네게 명하노니 그에게서 나오라"(행 16:18) 하며 쫓아냈습니다. 이로 인해 문제가 생겼습니다. 여종의 주인들이 자기 수익이 끊어진 줄 알고는 바울과 실라를 붙잡아 때리고 감옥에 가두어 버린 것입니다.

옷이 찢기고 매 맞아 형편없는 몰골에 발은 차꼬에 채워진 그 밤, 감옥에서 바울과 실라는 무슨 생각을 했을까요? 아마도 자신들이 걸어온 길을 돌이켜 보다가 '이 모든 일이 하나님의 성령이 하신 일이구나. 그러므로 우리가 감옥에 있는 것도 하나님의 계획이겠구나'라고 생각하지 않았을까요?

그동안 바울은 이해할 수 없고, 대책도 없는 상황 속에서 이제 끝이라고 생각했는데 하나님은 그 일을 통해서 하나님의 역사를 열어 가고 계셨습니다. 하나님은 감옥에서도 역사를 일으키실 것이라는 믿음을 붙잡은 것입니다. 그러니 낙심할 필요가 없습니다. 감옥에서도 하나님의 인도하심을 받고, 감옥 밖에서도 하나님의 인도하심을 받으니 말입니다.

지금은 비록 복음이 막혀 있는 듯하고 내 삶이 답답하기 그지없지만 내가 알지 못하는 크고 은밀한 일을 성령이 계획하시고 이끌어 가고 계십니다. 바울은 바로 그 성령의 인도하심에 순종하고 하나님의 약속을 분명히 붙들었습니다. 그래서 그는 나중에 로마서 8장 28절에서 이렇게 고백했습니다. "우리가 알거니와 하나님을 사랑하는 자 곧 그의 뜻대로 부르심을 입은 자들에게는 모든 것이 합력하여 선을 이루느니라."

우리는 흔히 어려운 일을 만나면 '왜 내게 이런 어려움이 생겼지? 이해하지 못하겠어. 나는 여기서 끝이야'라고 생각합니다. 하지만 그 순간, 믿음의 눈을 들어 지난 시간을 돌아보십시오. 하나님이 인도하신 부분도 있고, 하나님이 막으신 부분도 있을 것입니다. 어느 경우든 내 삶 속에 하나님의 손길이 닿아 있었습니다. 내가 명백히 실패라고 생각했던 바로 그 자리에서도 하나님은 내 삶을 열어 오셨고, 내가 잘한다고 자신했던 바로 그 자리에서 하나님은 좌절감을 맛보게 하심으로 내 삶을 새롭게 만드셨습니다.

하나님께는 다 계획이 있습니다. 단지 내가 몰랐을 뿐입니다. 결국 우리에게 필요한 것은 믿음입니다. 하나님은 지금도 내 삶을 열어 가신다는 믿음을 붙들면 낙심하지 않습니다. 그리고 이 믿음을 붙들면 하나님 앞에서 자기 삶을 다시 돌아보게 됩니다. 하나님은 어떤 길이든 지금 이 순간에도 열고 계실 것이며 선한 길로 인도하시리라는 믿음을 꼭 붙들기 바랍니다.

〉 상황을 넘어선 감사와 찬양

둘째, 고통 속에서 하나님을 생각하며 노래해야 합니다.

바울과 실라는 감옥에서 하나님을 생각하며 묵상했습니다. 만약 우리가 그들처럼 얻어맞아 감옥에 갇힌 채 캄캄한 밤중을 보내고 있다고 생각해 보십시오. 밤늦은 시간이면 외롭고 으슬으슬하지 않습니까. 그런데 그 고통 속에서 바울은 기도하고 하나님을 찬송했다고 성경은 말합니다(행 16:25).

여기서 '기도'는 원어상 '감사의 기도'입니다. 찬송이란 울분을 하나님께 올려 드리는 것이 아니라 하나님의 하나님 되심을 고백하는 것입니다. 바울은 고통 속에서 하나님을 생각한 것입니다. 이처럼 사도 바울의 일평생 그의 모든 신학의 구조와 생각 속에는 '엔 크리스토스'(in Christ, 그리스도 안에)가 있었습니다. 예수 안에 있는 삶을 산 것입니다. 하나님의 은혜를 생각할 때 바울의 마음속에 하나님에 대한 감사가 흘러 넘쳤습니다.

진정한 감사는 감사한 일이 있어서 감사하는 것이 아니라, 하나님의 은혜와 사랑을 생각할 때 생깁니다. 그래서 우리가 어려움을 당할 때 중요한 것은 은혜 받기를 사모해야 한다는 것입니다. 은혜가 임하면 달라집니다. 은혜가 내 속에 들어오면 내 아픔과 고통과 좌절과 절망에 사로잡히는 것이 아니라, 바로 나를 사랑하시는 하나님 앞에서 감사와 찬송이 저절로 터져 나옵니다. 찬송을 부를 수 없는 절박한 시간에 차마 부를 수 없는 감사의 노래, 감사의 기도가 울려 퍼지는 일이 은혜를 경험할 때 일어납니다. 이 은혜는 주님을 묵상할 때 임합니다.

본문을 보면 그 시간 바울과 실라와는 전혀 다른 생각을 하는 사람이 있습니다. 바로 간수입니다. "간수가 자다가 깨어 옥문들이 열린 것을 보고 죄수들이 도망한 줄 생각하고 칼을 빼어 자결하려 하거늘"(행 16:27). 당시는 죄수가 도망가면 간수가 죄수와 공모했다는 누명을 뒤집어써서 그 역시 고문

당하다가 결국 죽었습니다. 이 간수는 현실을 보고 차라리 자기 손으로 죽는 편이 낫다고 판단했던 것입니다. 하지만 그 순간, 바울이 크게 소리 질러 "네 몸을 상하지 말라 우리가 다 여기 있노라"(행 16:28)라고 말해 간수는 목숨을 건졌습니다.

같은 시간, 같은 장소에서 바울과 실라는 신실하신 하나님과 자신들을 구원해 주신 하나님의 은혜를 생각했습니다. 반면에 간수는 자기 앞에 벌어진 감당할 수 없는 현실과 이후 일어날 끔찍한 일을 생각하면서 죽음을 선택했습니다. 이처럼 어떤 일을 만났을 때 기도와 찬양이 나오기도 하고, 죽고 싶어지기도 합니다. 우리가 전자가 될 수 있는 이유는 하나님이 소망이셔서 우리에게 능력과 생명을 주시는 분임을 확신하기 때문입니다. 그 하나님을 묵상할 때 하나님이 환란을 이겨 나갈 수 있는 힘을 주십니다. '어려움 가운데 하나님이 나와 함께하신다'라는 담대한 믿음이 찬송할 힘의 근원인 것입니다.

내가 처한 현실을 생각하면 죽을 수밖에 없는데, 하나님을 생각하면 그 속에 소망이 있습니다. 이에 시편 기자는 "내 영혼아 네가 어찌하여 낙심하며 어찌하여 내 속에서 불안해하는가 너는 하나님께 소망을 두라 나는 그가 나타나 도우심으로 말미암아 내 하나님을 여전히 찬송하리로다"(시 42:11)라고 고백했습니다. 하나님의 백성이 불안하고 낙심할 수밖에 없는 세상 속에서 하나님께 예배하러 올라가면서 다 함께 부른 노래입니다. 서로를 일깨워 주는 것입니다.

"내 인생은 다 끝났어. 더 이상 소망이 없어"라고 얘기하는 이들에게 "왜 불안하고 두려워하는가? 너는 하나님을 바라라. 하나님께 소망이 있지 않느냐. 그 하나님을 바라고, 하나님께 시선을 향하고, 하나님을 생각하라. 그때 비로소 하나님을 향한 찬송이 터져 나온다"라고 한 것입니다.

혹시 지금 죽음을 생각하는 분 계십니까? "이번에 성적이 안 나와서 죽겠다", "취직이 안 돼서 죽겠다", "연인과 헤어져서 죽겠다", "집안의 어려운 일 때문에 죽겠다", "미래가 안 보여서 죽겠다" 등 죽고 싶을 정도로 힘든 일을 겪을 때가 있습니다. 그때 성경에 나오는 믿음의 사람들이 불안해하는 우리에게 믿음을 일깨워 줍니다. 우리의 시선으로 괴로운 현실만 바라보지 말고 하나님을 생각하라고 말입니다. 하나님을 생각하니 하나님의 은혜가 보이는 것이고, 하나님의 은혜가 보이니 찬양과 감사의 기도가 나오는 것입니다. 그 찬양과 감사의 기도가 생명을 살립니다.

〉 사명에 붙들린 인생

셋째, 무슨 일이 있어도 사명을 붙잡아야 합니다.

바울과 실라는 어려운 일이 닥쳤을 때 사명을 잊어버리지 않았습니다. 그들의 사명은 복음을 전하는 것이었습니다. 복음은 우리를 살리는 생명의 소식으로서, 나만의 기쁜 소식이 아니라 온 세상에 기쁜 소식입니다.

앞서 언급했듯이, 바울과 실라는 귀신에 붙잡혀 사는 소녀가 점쳐서 벌어다 주는 돈 때문에 그 아이가 귀신으로부터 자유함을 얻는 것을 싫어해 오히려 자신들을 감옥에 집어넣은 사람들을 보았습니다. 그들은 돈에 붙들려 사는 사람들이었습니다.

이처럼 우리 인생은 누구든 자신이 몰두하는 무엇인가에 붙들려서 살아갈 수밖에 없습니다. 돈, 명예, 권력 등이 그것입니다. 그러나 바울과 실라는 복음의 사명에 붙들렸습니다. 때를 얻든지 못 얻든지, 고통 중에 있든지 평안하든지 그들의 목적은 오로지 복음을 전하는 일이었습니다. 사명이 없는 사람은 환경과 여건이 중요하지만, 사명이 있는 사람은 어떤 상황에서도 사명을 감당합니다.

지금 바울과 실라는 감옥에 있습니다. 그렇다면 감옥에서 그들의 사명은 무엇일까요? 간수와 죄수들을 전도하는 것이 아니겠습니까. 어두운 감옥에서 바울과 실라가 찬양할 때 하나님이 그들에게 선교의 기회를 열어 주셨음을 성경을 통해 알 수 있습니다. 하나님이 그 순간, 그들의 사명을 위해 준비해 두신 기적과 이적이 있습니다.

첫째, 감옥의 죄수들이 기도와 찬양 소리를 들었습니다. 여기서 '들었다'는 말은 영어로 'hear'이 아니라 'listen'입니다. 즉 자신이 의지적으로 목적을 가지고 소리를 들었다는 의미입니다. 세상은 사람들의 이야기를 들으려고 하지 않습니다. 특히 인생이 고달픈 사람은 남의 말을 듣지 않습니다. 그런데 죄수들이 바울과 실라의 기도와 찬송을 들었던 이유는 무엇일까요? 똑같이 매 맞아 갇혀 있는 처지인데 끙끙 앓고 있는 자신들과 달리 노래를 부르고 기도를 하니 관심이 생겨 듣게 된 것입니다. 사실 그들은 복음을 들은 것입니다.

둘째, 그 후 지진이 났고 옥문이 열리고 죄수들의 매인 것이 다 풀렸습니다. 그런데 바울과 실라는 도망가지 않았습니다. 간수는 당연히 죄수들이 도망 간 줄 알고 자결하려고 했습니다. 그때 바울과 실라가 자신들이 여기 있다고 한 말을 들은 간수는 무서워 떨며 바울과 실라 앞에 엎드리고 그들을 데리고 나가 "내가 어떻게 하여야 구원을 받으리이까"(행 16:30)라고 물었습니다. 죄수가 간수에게 물어야 할 질문을 도리어 간수가 죄수에게 한 것입니다. 하나님이 간수에게 복음을 전할 기회를 주신 것입니다. 그때 바울이 외친 유명한 말씀이 바로, "주 예수를 믿으라 그리하면 너와 네 집이 구원을 받으리라"(행 16:31)라는 말씀입니다. 그날 그 복음의 메시지를 듣고 많은 죄수가 구원받았으리라 생각합니다.

만약 바울과 실라가 감옥 가운데서 하나님의 은혜를 생각하며 찬송과 기도를 드리지 않았다면 죄수들과 간수를 전도할 수 없었을 것입니다. 하나님이 기적을 베풀어 주지 않으셨다면 간수가 예수님을 믿을 수 없었을 것입니다. 이처럼 우리가 알지 못하는 사이에 하나님이 이토록 놀라운 계획으로 빌립보 지방에 아름다운 교회를 세워 나가시는 모습을 볼 수 있습니다.

하나님의 역사는 계속됩니다. 하나님은 나를 통해 복음의 역사가 계속 이어지기를 원하십니다. 우리는 사명자들이기 때문입니다. 바울은 빌립보서 1장 12절에서 이렇게 고백했습니다. "형제들아 내가 당한 일이 도리어 복음 전파에 진전이 된 줄을 너희가 알기를 원하노라."

하나님은 한밤중에 감옥에서의 가장 비참한 시간을 최선의 시간으로 바꿔 주셨습니다. 최악의 장소를 최고의 장소로 만들어 주셨습니다. 최악의 사건을 최대의 구원 역사로 이루어 주셨습니다. 바로 이것이 하나님이 하시는 역사입니다.

지금 어려움 가운데 계십니까? 이 어려움이 다 지나가고 난 어느 날 "그 어려움을 어떻게 이겨 내셨습니까?"라고 묻는 이에게 "하나님이 그 순간 나와 함께하셨습니다"라고 고백할 수 있다면 지금의 어려움은 사실 어려움이 아닙니다. 걸림돌이 오히려 디딤돌이 되어 성숙과 성장, 그리고 하나님의 역사를 이루어 가는 중요한 기회가 될 것입니다.

무덤에
내려가는 자
같을 때

시편 28:1-9

우리가 기도할 때 가장 갈망하는 것은 기도 응답입니다. 절박한 문제와 위기 앞에서는 응답을 더욱더 간절히 기다립니다. 하나님은 우리의 간구에 반드시 응답하겠다고 말씀하셨습니다. 그러나 때로는 응답의 시간과 응답의 방법이 다양하기 때문에 혼란스럽습니다. 또한 기도 응답이 자신의 기대와 다르기에 기도하다가 실망하고 낙심하기도 합니다.

그럼에도 성경은 낙심하지 말고 기도하기를 포기하지 말라고 권면합니다. 예수님도 항상 기도하고 낙심하지 말아야 한다는 것을 악한 재판장의 비유로 말씀하시면서 이렇게 위로하셨습니다. "하물며 하나님께서 그 밤낮 부르짖는 택하신 자들의 원한을 풀어 주지 아니하시겠느냐 그들에게 오래 참으시겠느냐 내가 너희에게 이르노니 속히 그 원한을 풀어 주시리라 그러나 인자가 올 때에 세상에서 믿음을 보겠느냐"(눅 18:7-8).

다윗은 시편 28편에서 하나님이 응답하지 않으시고 잠잠하실 때 마치 자신이 무덤에 내려가는 자와 같은 무거운 절망감과 파멸에 직면할 수밖에 없었다고 호소했습니다. 하지만 그렇다고 다윗이 기도를 중단한 것은 아닙니다. 그는 더욱더 간절히 하나님께 기도했고, 마침내 기도 응답을 받았다고 고백했습니다.

우리도 다윗처럼 하나님께 응답받기 위해 간절히 기도합니다. 응답은 하나님의 절대 주권에 속합니다. 하지만 그럼에도 잠잠하셨던 하나님이 다윗의 기도를 듣고 움직이게 되신 데는 어떤 이유가 있지 않을까요? 그 이유는 바로 다윗이 하나님이 들으시는 기도를 드렸기 때문입니다. 어떤 기도가 하나님이 들으시는 기도일까요? 다윗의 응답받은 기도의 원리가 무엇인지 살펴봄으로 우리의 기도도 하나님이 들으시는 기도가 되기를 바랍니다.

〉 언약을 따라서 드리는 기도

첫째, 하나님의 언약 따라 기도해야 합니다.

다윗은 "내가 주의 지성소를 향하여 나의 손을 들고 주께 부르짖을 때에 나의 간구하는 소리를 들으소서"(시 28:2)라고 기도했습니다. '지성소를 향하여' 기도를 드린 것은 하나님을 향한 간절한 마음을 표현한 것이지만, 더 중요한 점은 지성소에 놓인 하나님의 언약궤를 향해 기도를 드린다는 의미입니다. 즉 다윗은 하나님의 언약을 바라보며 기도한 것입니다.

솔로몬은 성전을 완공한 후 낙성식 때 다음과 같은 기도를 드렸습니다. "주께서 전에 말씀하시기를 내 이름을 거기에 두리라 하신 곳 이 성전을 향하여 주의 눈이 주야로 보시오며 종이 이곳을 향하여 비는 기도를 들으시옵소서 주의 종과 주의 백성 이스라엘이 이곳을 향하여 기도할 때에 주는 그 간구함을 들으시되 주께서 계신 곳 하늘에서 들으시고 들으시사 사하여 주옵소서"(대하 6:20-21). 이어지는 기도에서도 솔로몬은 계속해서 '성전을 향하여 기도할 때'라는 말을 반복해서 아뢰었습니다.

비록 솔로몬의 기도이지만 사실 이 기도는 다윗의 영적 원리를 이어받은 기도입니다. 다윗은 하나님의 언약궤를 모시기를 갈망했고, 하나님의 성전 짓기를 간절히 원했습니다. 그러한 다윗의 마음이 솔로몬의 기도에 반영된 것입니다.

이후 그 기도에 하나님이 응답하셨습니다. "이제 이곳에서 하는 기도에 내가 눈을 들고 귀를 기울이리니 이는 내가 이미 이 성전을 택하고 거룩하게 하여 내 이름을 여기에 영원히 있게 하였음이라 내 눈과 내 마음이 항상 여기에 있으리라"(대하 7:15-16). 하나님의 언약이 머무는 성전에서 기도하거나 혹은 그 언약이 있는 성전을 향해 함께 기도할 때 하나님이 언약을 기억하사 응답하겠다고 하신 것입니다.

시편 91편 15절에서 하나님은 지존자의 은밀한 곳에 거주하며 전능자의 그늘 아래에 사는 자에게 이런 약속을 하셨습니다. "그가 내게 간구하리니 내가 그에게 응답하리라 그들이 환난당할 때에 내가 그와 함께하여 그를 건지고 영화롭게 하리라." 사도 요한은 하나님의 언약을 따라 기도하는 것을 곧 하나님의 뜻을 따라 기도하는 것으로 해석했습니다. "그를 향하여 우리가 가진 바 담대함이 이것이니 그의 뜻대로 무엇을 구하면 들으심이라"(요일 5:14).

또한 하나님의 언약을 따라 기도한다는 것은 성소를 향해 부르짖는다는 것입니다. 다니엘은 비록 이방 땅 바벨론에 살았지만 그의 마음과 삶만은 늘 하나님의 성소에 머물러 있었습니다. "다니엘이 이 조서에 왕의 도장이 찍힌 것을 알고도 자기 집에 돌아가서는 윗방에 올라가 예루살렘으로 향한 창문을 열고 전에 하던 대로 하루 세 번씩 무릎을 꿇고 기도하며 그의 하나님께 감사하였더라"(단 6:10).

이처럼 언약을 따라서 드리는 기도는 하나님이 들으시는 기도입니다. 하나님은 자신이 약속한 말씀에 대해서 스스로 부담을 갖고 계십니다. 따라서 하나님의 약속을 따라 기도할 때 하나님은 그 약속을 반드시 이루어 주십니다. 우리는 이 사실을 기억하면서 내 필요와 욕심을 따라 기도하는 것이 아니라, 하나님의 언약을 따라 기도해야 합니다.

〈 그리스도의 보혈을 붙드는 기도

둘째, 그리스도의 보혈을 의지해 기도해야 합니다.

"내가 주의 지성소를 향하여 나의 손을 들고 주께 부르짖을 때에 나의 간구하는 소리를 들으소서"(시 28:2). '지성소'는 성전의 가장 거룩한 곳으로, 하나님이 임재해 말씀하시는 장소였습니다. 다윗의 기도가 드려진 당시는 아직 성전이 지어지기 전이었으므로 덮개가 있는 장막의 내부를 의미합니다.

지성소에서는 속죄의 날에 민족의 죄를 씻기 위해 피의 제사가 드려졌습니다. 따라서 다윗이 지성소를 향해 손을 들고 부르짖은 것은 전능자 하나님 앞에 나아가기 전에 "저는 피 흘림으로 씻음 받아야 하는 죄인입니다"라고 고백했다는 뜻입니다. 이것은 단순히 자기 죄를 자백하고 뉘우친 것이 아니라, 제물의 피로 죄 씻음 받는 제사를 통해서만 하나님 앞에 나아갈 수 있는 자기 모습을 기억하고 하나님께 간구한 것입니다. 왜냐하면 제물의 피로 하나님께 용서받을 때 비로소 하나님께 나아가는 긍휼과 자비를 얻게 되기 때문입니다.

시편 51편은 다윗의 회개시로 유명합니다. 이 시에서 알수 있듯이, 다윗은 죄와 죄 씻음에 대해 민감한 영성을 갖고 있었습니다. 그는 죄가 있으면 하나님께 나아갈 수 없고, 하나님께 간구해도 응답받을 수 없다는 사실을 알았습니다. 따라서 자기 죄를 용서해 주시기를 간구했습니다. "나를 주 앞에서 쫓아내지 마시며 주의 성령을 내게서 거두지 마소서"(시 51:11). 죄가 있으면 하나님 앞에 나아갈 수 없고, 피 흘림이 있는 제사를 드려야만 용서받고 하나님 앞에 나아갈 수 있습니다.

우리는 죄를 스스로 해결할 수 없습니다. 피 흘림의 대가 없이는 죄를 없앨 수 없습니다. 죄와 죄의 고통 속에서 죽을 수밖에 없는 존재가 우리 인생입니다.

이런 우리의 죄를 해결해 주시고자 예수 그리스도가 친히 제물이 되어 피를 흘리셨습니다. 우리는 죄 씻음 받아 하나님 앞에 나아갈 자격을 얻게 된 것입니다. "이 뜻을 따라 예수 그리스도의 몸을 단번에 드리심으로 말미암아 우리가 거룩함을 얻었노라 … 그러므로 형제들아 우리가 예수의 피를 힘입어 성소에 들어갈 담력을 얻었나니"(히 10:10, 19). 하나님 앞에 나아갈 수 있는 자격은 우리의 행위나 노력 등 우리에게 달려 있지 않습니다. 바로 예수 그리스도의 보혈의 공로를 의지할 때에만 하나님의 보좌 앞에 나아갈 수 있습니다. 그러므로 우리의 자랑은 예수 그리스도의 보혈이요, 십자가입니다.

회개보다 더 감사하고 놀라운 은혜는 우리가 회개한 후 하나님께로 돌아올 길을 하나님이 열어 두신 것입니다. 따라서 우리가 기도할 때, 특히 회개할 때 붙잡아야 하는 것이 있다면 예수 그리스도의 보혈입니다. 그 피로 말미암아 하나님의 긍휼과 자비와 용서를 받아 하나님과 교제할 수 있는 새로운 길이 열렸습니다.

이처럼 하나님이 들으시는 기도는 지성소를 향해 손을 들고 기도한 다윗처럼 내 죄를 위해 죽으신 예수 그리스도의 보혈을 붙들고 의지하는 기도입니다.

〉하나님을 인정하는 기도

셋째, 내 삶에서 하나님이 행하신 일을 인정하고 고백해야 합니다.

"그들은 여호와께서 행하신 일과 손으로 지으신 것을 생각하지 아니하므로 여호와께서 그들을 파괴하고 건설하지 아니하시리로다"(시 28:5). 다윗은 하나님 앞에서 문제를 붙들고 부르짖기만 하지 않았습니다. 그는 하나님이 자기에게 행하신 일들을 기억하며 인정했고, 하나님이 손으로 지으신 것들을 바라보면서 그분의 크고 놀라우심을 찬양했습니다.

다윗의 찬양은 응답받은 후에 감사함으로 드린 고백이 아닙니다. 눈앞에 닥친 문제와 어려움에도 불구하고 하나님이 지난날 자기 삶에서 행하신 귀한 일을 인정하고 고백하며 하나님께 감사하는 기도를 먼저 드렸습니다.

우리는 흔히 위기가 다가오면 경직되고 과거에 힘들었던 기억이 먼저 떠오릅니다. 그럴 때면 나를 힘들게 한 상황과 사람, 사건을 원망하며 미워하는 마음이 가득해집니다. 어떤 경우에는 더 이상 기도할 수조차 없고 '내가 할 수 있는 일이 아무것도 없다'는 절망감에 좌절합니다.

그러나 다윗은 하나님을 알지 못하는 사람은 하나님이 행하신 일을 생각하지 않고 하나님이 손으로 지으신 것들을 보면서도 인정하지 않는다면서, 자신은 그들과는 다르게 행했다고 고백했습니다. 그러면서 자신을 그들과 함께 멸망하는 자리로 인도하지 말아 달라고 부탁드렸습니다. 현재 어려움이 있지만 지난날 하나님이 내 인생에 행하셨던 일들을 하나하나 끄집어내 하나님께 감사하고 찬양하는 다윗의 모습을 보게 됩니다.

정말 힘들 때 문제를 붙들고 기도하는 것보다 더 중요한 일은 과거에 나를 도우셨던 하나님을 떠올리는 것입니다. 그러고 나서 내가 당연하게 생각해 미처 감사드리지 못하고 지나쳤던 일들 속에서 하나님이 행하셨던 크고 놀라운 일을 인정하고 고백하며 하나님께 찬양을 드리는 것입니다. 하나님은 하나님을 인정하는 자, 하나님이 행하신 일을 찬양하는 자가 드리는 기도를 기쁘게 들으십니다.

다윗은 어려울 때는 과거에 자기를 도우신 하나님을 찬양했습니다. 그리고 평안할 때는 모든 영광을 하나님께 돌리며 감사하는 기도를 드렸습니다. 그리하여 자기에게 향한 모든 영광을 스스로 취하지 않고 하나님께 올려 드렸습니다. 이것이 바로 하나님이 들으시는 기도가 된 것입니다. 다윗의 이러한 자세야말로 기도가 감사의 통로, 신앙 고백의 통로가 되게 합니다.

사도 바울은 빌립보서 4장 6-7절에서 "아무것도 염려하지 말고 다만 모든 일에 기도와 간구로, 너희 구할 것을 감사함으로 하나님께 아뢰라 그리하면 모든 지각에 뛰어난 하나님의 평강이 그리스도 예수 안에서 너희 마음과 생각을 지키시리라"라고 말했습니다. 저는 "모든 지각에 뛰어난 하나님"이라는 말씀에서 큰 위로를 받습니다. 나의 형편과 사정을 다 아시는 주님, 요동치는 내 마음까지도 아서서 내 모든 삶을 지켜 주시는 주님, 그 하나님의 평강이 나와 함께한다고 생각하면 흔들리지 않습니다.

우리가 살아가면서 반드시 기억해야 하는 것은 하나님의 붙드심과 지키심입니다. 우리의 기도는 원망과 불평과 탄식의 통로가 아니라, 감사와 기쁨과 신앙 고백의 통로가 되어야 합니다. 이를 위해 우리가 할 일은 과거에 나를 도우신 하나님을 기억해 내고, 그 하나님이 행하셨던 크고 놀라운 일을 고백하는 것입니다.

〉 내 곁에 있는 이들을 위한 기도

넷째, 같은 형편에 처한 사람들을 위해 중보 기도를 해야 합니다.

다윗은 앞서 1-7절에서 자기 문제를 놓고 기도했습니다. 그런데 하나님께 응답을 받고 난 다음에는 자기 백성을 위한 중보 기도를 시작했습니다. "여호와는 그들의 힘이시요 그의 기름 부음 받은 자의 구원의 요새이시로다 주의 백성을 구원하시며 주의 산업에 복을 주시고 또 그들의 목자가 되시어 영원토록 그들을 인도하소서"(시 28:8-9).

다윗은 하나님이 자신에게 응답하사 진정으로 자기의 힘과 방패가 되셨으며 하나님을 의지하여 도움을 얻었으므로 크게 기뻐하며 하나님을 찬송했습니다. 그러나 그 응답의 축복이 자신만의 것이 아님을 이어서 밝혔습니다. 그렇기에 자기와 같이 고난과 시험을 만난 사람들을 위해 기도한 것입니다. 다윗은 하나님이 그들에게도 힘이 되시며, 구원의 요새가 되어 주시며, 그들을 구원해 주시며, 그들의 산업에 복을 주실 뿐 아니라, 그들의 목자가 되어 주시기를 간구했습니다.

우리는 응답을 받으면 하나님께 감사를 드립니다. 그러나 진정한 기도의 마무리는 응답하신 하나님께 감사드리는 일과 더불어, 자기와 같은 어려움을 겪는 사람들을 위해서 중보 기도를 하는 것입니다. 왜냐하면 그 절박함과 안타까움을 먼저 겪었기에 그들의 마음과 연약함과 절박함을 누구보다 잘 알기 때문입니다. 아무도 도울 사람이 없어 몸부림치는 상황을 자신이 경험해 보았기 때문입니다. 이처럼 다윗의 간구는 중보 기도로 마무리되었습니다. 이 기도가 바로 하나님이 들으시는 기도입니다.

20세기 최고의 전도자 빌리 그레이엄(Billy Graham) 목사 부부는 "큰 죄에 빠진 날 위해"(새찬송가 282장)라는 찬송을 들으면서 회심했다고 합니다. 찬송가 작사에 얽힌 이야기를 소개합니다.

샬롯 엘리엇(Charlotte Elliott)은 30세에 전신이 마비되는 병에 걸려 좌절하고 절망하는 가운데 인생을 살았습니다. 이때 앙리 말랑 목사가 위로 차 엘리엇을 찾아왔습니다. 하지만 엘리엇의 귀에는 말랑 목사가 하는 어떤 말도 들리지 않았습니다. 모두 허공을 치는 메아리처럼 들렸습니다. 이내 말랑 목사는 생각을 바꾸어 엘리엇이 문학과 시에 관심이 있다는 사실을 알고는 시에 대해 이야기하기 시작했습니다. 그러자 엘리엇은 조금씩 그의 말을 듣기 시작했습니다.

어느 정도 대화가 이루어지자 말랑 목사가 말했습니다. "누구든지 아픔이 있지만 하나님은 견딜 수 있는 어려움을 주십니다. 그리고 그 고난에서 승리한 사람을 사용하시지요. 지금 당신 모습 그대로 하나님께 드려 보십시오. 연약하고 아무 것도 하지 못하는 그 모습 그대로 하나님은 받기를 원하십니다." 그러자 엘리엇은 고개를 저었습니다. '몸조차 가눌 수 없고, 마음도 삐뚤어졌으며, 믿음도 없는 나 같은 사람을 하나님이 어떻게 사용하신단 말이야' 하면서 말입니다.

그런데 어느 날 마음속에 말랑 목사가 들려준 말이 메아리쳤습니다. 그 순간 엘리엇이 옛날부터 믿어 온 하나님, 예수 십자가의 보혈로 죄를 용서하시고 하나님 앞으로 자신을 초청해 주신 하나님의 구원의 큰 은혜가 마음속에 찾아왔습니다. 이후 15년이라는 긴 아픔만큼이나 깊었던 하나님에 대한 오해를 터뜨리며 회개했고, 하나님의 사랑을 받아들였습니다. 그 사랑의 고백을 적은 시가 "큰 죄에 빠진 날 위해"라는 찬송 시입니다.

"큰 죄에 빠진 날 위해 주 보혈 흘려 주시고 또 나를 오라 하시니 주께로 거저 갑니다 내 죄를 씻는 능력은 주 보혈밖에 없으니 정하게 되기 원하여 주께로 거저 갑니다"(새찬송가 282장 1, 2절).

허물과 죄에도 불구하고 받아 주시는 하나님, 기도에 응답해 주시는 하나님, 어떤 순간에도 외면하지 않겠다는 하나님의 약속이 이제 자신을 향한 약속이 되면서 자신의 신앙 고백을 하나님께 드린 것입니다. 이제 끝난 인생이라고 생각했던 절망에서 엘리엇을 끌어올리신 하나님의 놀라운 사랑과 십자가 보혈에 관한 이 찬송은 미국에서 가장 많이 불렸고, 수많은 사람을 하나님께로 돌아오게 한 놀라운 찬송으로 기록되어 있습니다.

우리가 이 찬송을 부를 수 있다면, 그것이 곧 다윗의 찬양이 아닐까요. 무덤에 내려가는 자와 같은 심정으로 드린 다윗의 기도에 응답하신 하나님이 오늘 우리의 기도 역시 들으십니다. 우리는 가정과 교회와 이 시대를 바라보며 좌절하고 절망하는 우리 속에서 일하고 계시는 하나님을 바라보며, "주님이 나의 힘과 방패가 되셨다"라는 다윗의 고백을 하나님 앞에 드려야 합니다.

저는 한국 교회가 회개보다 앞서서 해야 하는 중요한 일이 있다면, 지난날 버려진 어둠의 땅에 복음을 전해 주셔서 우리 민족을 여기까지 인도해 주신 하나님께 못다 한 감사를 드리는 일을 회복하는 것이라고 생각합니다. 그리고 나서 그 크신 사랑에 응답하며 살지 못했던 자신의 삶을 하나님 앞에서 돌아보며 다시 한 번 응답하시는 기회를 간구하는 눈물의 기도를 드려야 할 것입니다. 다윗처럼 "여호와는 나의 힘과 나의 방패이시니 내 마음이 그를 의지하여 도움을 얻었도다"(시 28:7)라는 고백이 각 사람의 입술을 통해 하나님께 드려지는 아름다운 찬양이 되기를 기대합니다.

우리가 살아가면서 반드시 기억해야 하는 것은
하나님의 붙드심과 지키심입니다.
우리의 기도는 원망과 불평과 탄식의 통로가 아니라,
감사와 기쁨과 신앙 고백의 통로가 되어야 합니다.

고난 중에 성숙을 이루어 가는 힘

야고보서 1:1-11

강영우 박사님은 중학교 시절 사고로 실명하고, 어머니와 누나를 여의고 고아가 되었습니다. 우리가 강 박사님을 존경하는 까닭은 한국인 최초로 시각장애인 박사가 되어서가 아니고, 한국인으로서 최초로 미국 연방정부 최고 공직자를 지내서도 아닙니다. 시련과 절망을 극복해 가는 과정에서 다른 사람들에게 용기와 희망을 주었던 삶을 바라보면서 그분을 닮아 가기를 바라는 것입니다. 강 박사님은 생전에 이렇게 말했습니다.

"장애는 한 사람의 인생을 바꿉니다. 하지만 장애라는 것이 인생의 걸림돌로만 존재하는 것이 아님을 보여 주고 싶었습니다. 나에게 장애는 축복이었습니다. 나는 단순히 장애를 극복한 것이 아니라 장애를 통해서 세상을 변화시킬 수 있었습니다. 눈이 보이지 않았기 때문에 지금의 아내를 만났고, 보이지 않는 눈으로 세상을 보는 법을 책으로 쓸 수 있었고,

장애를 통해서 장애인과 비장애인이 더불어 살아가는 아름다운 세상을 만들기 위해 유엔과 백악관을 무대로 종횡무진 활동할 수 있었습니다."

인생을 살아가면서 쉬울 때가 언제이겠습니까. 그러나 우리 자신에게 남다른 시련이 찾아올 때면 견디지 못할 정도로 힘이 듭니다. 그때는 보통 때와 같이 살아갈 수가 없습니다. 우리에게 더 많은 지혜가 필요한 순간이 바로 그때입니다.

이 장 본문에서 예수님의 동생인 야고보는 흩어진 디아스포라 12지파에게 편지를 쓰고 있습니다. 그는 외적으로 교회에 대한 박해와 더불어, 내적으로 신앙과 교회의 문제 때문에 시련을 겪고 있는 성도들에게 "시련을 만났을 때는 남다른 지혜가 필요하니 그 지혜를 구하라"라고 권면했습니다.

그렇다면 야고보가 가르쳐 주는 시련을 이기는 지혜는 어떤 지혜일까요? 단순히 문제를 극복하는 데서 그치지 않고 우리를 더욱 성숙하게 만드는 지혜는 과연 무엇일까요?

〈 그리스도의 종이라는 고백

첫째, 나는 하나님의 것임을 분명히 아는 지혜입니다.

사람은 어려움을 당하면 이리저리 상황에 휘둘려 자신을 잃어버리고 찾지 못하곤 합니다. 그런 우리에게 야고보는 어려울 때일수록 자신이 누구인지를 아는 지혜가 필요하다고 말했습니다. 그래서 1절에서 야고보는 "하나님과 주 예수 그리스도의 종 야고보는 흩어져 있는 열두 지파에게 문안하노라"라고 했습니다. 자신을 '하나님과 주 예수 그리스도의 종 야고보'라고 소개한 것입니다.

야고보서는 총 108구절인데, 그중 절반 이상인 60여 절이 명령형입니다. 야고보는 사람들에게 꼭 전하고 싶고 반드시 지켜야 할 내용을 명령을 통해서 전했습니다. 명령이 영향력을 잘 발휘하기 위해서는 권위를 가진 사람이 명령하는 편이 가장 효과적입니다. 그런데 야고보는 자신의 영향력을 드러내기보다 자기를 '그리스도의 종'이라고 소개했습니다.

사실 야고보는 예수님과 친형제 사이이고 부활하신 주님을 만난 사람입니다. 더 나아가 초대 교회 지도자로서 유대 전통에 밝은 권위자였고, 전승에 의하면 '낙타 무릎'이라는 별명이 붙을 정도로 기도에 힘쓴 사람이었으며, 구제와 전도에 열심이었고, 끝내는 사명을 감당하다 순교했습니다. 그런 야고보가 흩어져 있는 성도들에게 자신의 영향력을 나타내고 권위를 높이고자 자기의 모든 지위를 사용하지 않고 대신 자기는 그리스도의 종이라고 표현했습니다. 그는 '그리스도의 종'이라는 표현을 가장 즐겨 사용했습니다.

'종'이라는 단어의 헬라어 '둘로스'는 '나는 주인의 소유입니다'라는 표현입니다. 자유도, 소유도 없이 오직 주인을 위해 살아야 하는 존재임을 인정한 사람이 둘로스입니다. 쉽게 말하면, "나는 예수님을 위해 죽기도 하고 살기도 하는 사람입니다"라는 고백입니다. 또한 "나는 예수님의 소유입니다. 나는 내 주인을 위해 살아야 하는 사명자입니다"라는 고백과도 같습니다.

야고보의 말에서 또 하나 주목할 표현이 있는데, '주 예수 그리스도'입니다. 이 말에는 예수님이야말로 천지의 창조주시요, 역사를 섭리하시는 분이고, 나를 죄 가운데서 구속해 주시고, 하나님의 자녀 삼아 주시고, 영원한 소망을 주시는 분이라는 의미가 담겨 있습니다. 야고보는 자신이 바로 그분의 종이라는 사실을 사람들한테 전한 것입니다. 그리고 그 주님이 자기에게 하신 말씀을 전한다는 뜻입니다. 그러면서 "내 형제들아 너희가 여러 가지 시험을 당하거든 온전히 기쁘게 여기라"(약 1:2)라고 말했습니다.

예수님은 성도들이 하나님을 믿으면 환란이 면제된다고 약속하지 않으셨습니다. 또한 예수님을 믿으면 시험과 고통이 피해 간다고도 말씀하지 않으셨습니다. 오히려 그리스도인은 세상에서 환란을 당하지만 그 시험을 이겨 내라고 말씀하셨습니다. 담대하라고 이야기하셨습니다. "이것을 너희에게 이르는 것은 너희로 내 안에서 평안을 누리게 하려 함이라 세상에서는 너희가 환난을 당하나 담대하라 내가 세상을 이기었노라"(요 16:33). 담대할 만큼 이길 능력과 힘을 주님이 공급해 주신다는 약속입니다. 이 세상에서 환란 가운데 승리 하신 주님이 동행해 주실 것이라고 친히 말씀해 주셨습니다.

"제자들의 마음을 굳게 하여 이 믿음에 머물러 있으라 권 하고 또 우리가 하나님의 나라에 들어가려면 많은 환난을 겪 어야 할 것이라 하고"(행 14:22). 이 말씀은 바울이 바나바와 함 께 전도 여행을 다녀오면서 겪었던 심각한 어려움과 동일한 고난에 처한 많은 그리스도인에게 한 말입니다. 바울은 그들 에게 고난 가운데 있지만 믿음 안에 머물러 있으라고 부탁했 습니다. 그리고 믿음에 머물러 있을 때 하나님이 참된 소망으 로 인도해 주시고 평강하게 해 주실 것이라고 약속했습니다.

믿음 안에서 내가 하나님의 것임을 기억하는 지혜가 있을 때 담대하게 시련을 이겨 낼 수 있습니다.

⟨ 믿음의 시련이 주는 선물

둘째, 시험에 긍정적이고 적극적으로 임하는 지혜입니다.

야고보는 "내 형제들아 너희가 여러 가지 시험을 당하거 든 온전히 기쁘게 여기라"(약 1:2)라고 말했습니다. 누구든 시 험이 오면 감당하기 버거워 할 수만 있으면 피하고 싶기 마련

인데, 오히려 시험을 기쁘게 감당하라고 권면했습니다. 어떻게 이 일이 가능합니까?

'시험'을 의미하는 헬라어 '페이라스모이스'는 두 가지 의미로 쓰입니다. 먼저, 외부에서 오는 어려움으로, 어떤 자격이나 실력을 갖추게 하려는 시험입니다. 또 하나는 '유혹'(temptation)을 뜻하며, 우리 내부의 죄성을 자극해 우리를 파멸하기 위한 시험입니다. 야고보 사도가 말한 시험은 전자의 의미입니다.

또한 '여기다'라는 헬라어 '크세니조'도 두 가지 뜻을 갖고 있는데, '이끌다', '인도하다'라는 뜻과 '간주하다', '생각하다'라는 의미입니다. 여기서는 두 가지 뜻을 다 내포하고 있습니다.

전자의 의미의 시험은 시험당하는 자를 유익한 곳으로 인도해 줍니다. 그러므로 야고보 사도는 비록 시험이라는 어려움에 가려서 그 시험이 주는 유익을 바라볼 수 없지만, 그럼에도 그 유익을 바라며 시험을 적극적으로 맞아들이고 시험에 임하라고 말한 것입니다. 시험은 우리를 성장시키고 성숙하게 하는 과정이기 때문입니다.

야고보는 우리가 당하는 믿음의 시련은 어려움이라는 모양으로 나타나지만 믿음으로 그 시련을 견디고 이겨 내면 그 과정을 통해 우리가 미처 보지 못하는 하나님이 예비하신 축

복을 받게 된다고 말했습니다. 그 축복은 하나님이 우리의 삶 속에 더 강하고 단단한 믿음을 주시고, 동시에 우리를 성숙하게 하시며, 우리가 붙들어야 하는 참 소망을 바라보게 하시는 것입니다.

우리 인생에 시련이 다가올 때 우리는 흔들릴 수밖에 없습니다. 하나님과 하나님의 뜻을 의심하게 됩니다. 때로 신앙에서 멀어지기도 합니다. 그때 우리의 거짓 믿음이 우리에게서 하나둘씩 떨어져 나가기 시작합니다. 그 순간 기억해야 할 것이 있는데, 한편으로는 우리 속에 아주 작은 믿음이라 할지라도 싹이 트고 자라기 시작한다는 사실입니다.

영화《벤허》에서 주인공 벤허는 친한 친구가 꾸민 누명을 뒤집어쓰고 노예 신분으로 전락해 로마의 전투선 밑창에서 노를 젓는 일을 하게 되었습니다. 그 배에서 빠져 나갈 방법은 죽음밖에는 없었습니다. 벤허의 마음속에는 복수심이 이글거렸지만, 그는 자신에게 닥친 어려움을 한 걸음, 한 걸음 이겨 나갔습니다.

그런데 놀랍게도 벤허가 그토록 고통스러워했던 노 젓는 일 덕분에 체력이 길러졌고, 훗날 자기를 괴롭힌 친구와의 전차 경주에서 승리를 거머쥐는 것으로 결말을 맺습니다. 만약 벤허가 노 젓는 과정을 거치지 않았다면 결코 이길 수 없었을 것입니다. 하루하루 어려움을 이겨 내고 하루하루 열심히 살

왔는데, 그 하루하루가 자기도 모르게 적을 이기고 환경을 극복해 내는 능력의 사람으로 만들어 주었습니다.

사도 바울은 "우리가 환난 중에도 즐거워하나니 이는 환난은 인내를, 인내는 연단을, 연단은 소망을 이루는 줄 앎이로다"(롬 5:3-4)라고 말했습니다. 시련은 우리를 힘들게 만드는 것이 사실입니다. 그러나 지금 내 삶에서 소중한 것들이 과연 어디에서 얻어졌는지를 떠올려 보십시오. 모두 시련을 통해서 얻어지지 않았습니까. 믿음, 지혜, 용기, 삶의 방향 등은 견딜 수 없는 시련을 이겨 내는 가운데 나도 모르게 내 삶 속에 찾아온 하나님의 선물입니다.

그러니 우리에게 찾아오는 믿음의 시련을 두려워하지 말고, 오히려 기쁘게 여기고 받아들일 줄 아는 지혜가 필요합니다. 어려움을 믿음으로 살아 낼 때 하나님이 우리에게 시험과 고난 가운데 더 풍성하고 귀한 축복을 주실 것입니다.

우리에게는 소망이 있습니다. 세상의 헛된 소망이 아니라, 우리가 정말 붙들어야 하는 소망, 즉 예수 그리스도를 붙잡고 있습니다. 이 소망이 어디서부터 왔습니까? 믿음의 연단을 통해서 우리에게 만들어진 소망입니다. 그래서 야고보 사도는 우리에게 권면합니다. "믿음의 연단 앞에 두려워서 물러서지 말고, 오히려 그 너머 하나님이 주시는 은혜를 바라보며 기쁘게 맞이하라"고 말입니다.

〉 하나님의 손이 닿을 때

셋째, 내 문제를 하나님 손에 올려 드리는 지혜입니다.

시련이 닥칠 때 우리는 문제를 어떻게 풀어 나가야 할지 모릅니다. 언젠가 복잡한 도로에서 주차장으로 들어갔는데 만차 상태였습니다. 그 순간, 운전 경력이 꽤 오래되었음에도 차를 어떻게 빼야 할지 몰라 난감했습니다. 그런데 주차를 안내해 주시는 분이 "이렇게 가서 뒤로 빼세요" 하자 그제야 길이 보였습니다.

어려움을 당하면 경직되기 때문에 문제를 자기가 풀려고 애를 씁니다. 내가 풀지 못하는 문제니 다른 사람에게 도움을 구해야 한다는 생각을 미처 하지 못합니다. 그러나 지혜로운 사람은 그 순간 문제를 해결할 능력을 가진 사람에게 도움의 손길을 내밉니다.

야고보 사도가 우리에게 권면합니다. "너희 중에 누구든지 지혜가 부족하거든 모든 사람에게 후히 주시고 꾸짖지 아니하시는 하나님께 구하라 그리하면 주시리라"(약 1:5). 시련과 어려움을 이겨 나갈 수 있는 지혜와 감당해 낼 수 있는 능력이 하나님께 있으니 도움의 손길을 뻗어 구하라고 말입니다. 어쩌면 이 기도의 권면은 야고보 사도의 경험을 바탕으로 한 것인지도 모릅니다. 그렇기에 그는 기도의 사람으로 일평생을 살아갔는지도 모르겠습니다.

고린도전서 2장 14절에서 바울은 "육에 속한 사람은 하나님의 성령의 일들을 받지 아니하나니 이는 그것들이 그에게는 어리석게 보임이요, 또 그는 그것들을 알 수도 없나니 그러한 일은 영적으로 분별되기 때문이라"라고 말했습니다. 우리는 하나님이 모든 것의 주관자시고 창조주시라고 믿습니다. 그렇다면 우리를 위해 자기 아들까지 내어 주신 하나님이 우리에게 일어난 시험을 모르실 리가 있겠습니까. 우리가 자녀들에게 민감하게 관심을 갖듯이 하나님도 하나님의 자녀인 우리에 대해 다 알고 계십니다. 그럼에도 하나님이 고난을 허용하셨다면, 거기에는 하나님의 뜻이 있는 것입니다. 그 깊은 뜻을 육에 속한 사람인 우리가 어떻게 알 수 있을까요.

그러나 성령의 도우심을 받을 때 우리는 비로소 하나님의 뜻을 발견할 수 있습니다. 물론 시련이 어떻게 온 것인지, 그리고 구체적으로 어떤 것인지는 알지 못할 수 있지만, 시련을 어떻게 극복할 수 있는지는 알 수 있습니다. 그리고 그 지혜는 바로 하나님께로부터 옵니다.

야고보는 예수님이 형이었으나 같은 집에 살았음에도 불구하고 자신의 구세주와 주님이신 줄 몰랐습니다. 그러나 부활하신 주님이 찾아왔을 때 그의 눈이 열렸고 예수님이 구세주요, 주님이시라는 사실을 받아들였습니다. 아무리 똑똑하고 잘난 사람이라 할지라도 하나님의 일은 성령의 도우심을 받지 않고는 알 수 없다는 사실을 야고보는 알았습니다. 따라서 그는 어려움을 당하고 있는 형제자매들에게 하나님께 지혜를 구하라고 전했습니다.

왜 하나님께 지혜를 구하라고 했을까요? "다니엘이 말하여 이르되 영원부터 영원까지 하나님의 이름을 찬송할 것은 지혜와 능력이 그에게 있음이로다"(단 2:20). 지혜와 능력이 하나님께 있기 때문입니다.

그러면서 야고보 사도는 하나님이 어떤 분이신지를 소개합니다. 하나님은 모든 사람에게 주는 것을 기뻐하시는 분입니다. 주시되 후히 주시는 분입니다. '후히 주신다'는 말의 의미는 하나님은 가장 좋은 것을, 가장 좋은 때에, 가장 풍성하게 주시는 분이라는 의미입니다.

그리고 하나님은 꾸짖지 아니하시는 분입니다. 우리는 때로 어리석고 부족한 것도 많이 구합니다. 어떤 경우, 우리가 이해하지 못하는 것도 많이 구합니다. 하나님은 그런 우리의 연약함을 비판하거나 평가하지 않으십니다. 하나님은 누가복음 15장 탕자의 비유에서 아버지가 돌아온 탕자를 맞이하고, 손에 가락지를 끼우고, 새 옷을 입히고, 아들의 지위를 회복시킨 것처럼 언제든지 우리를 환영하시고 우리가 간구하기를 기다리고 계십니다.

그래서 야고보는 "너희가 얻지 못함은 구하지 아니하기 때문이요 구하여도 받지 못함은 정욕으로 쓰려고 잘못 구하기 때문이라"(약 4:2-3)라고 말했습니다. 우리가 얻지 못하는 이유는 구하지 않기 때문이라는 것입니다. 그렇다면 왜 우리는 구하지 않을까요? 하나님에 대해서 잘 모르기 때문입니다.

야고보는 하나님이 어떤 분이시라고 말합니까? 그는 하나님을 후히 주시고 꾸짖지 아니하시는 분으로 소개합니다. 어렵고 힘들 때 하나님께 지혜를 달라고 부르짖으면 하나님은 시련을 이겨 나갈 수 있는 지혜와 능력을 기꺼이 주십니다.

미국의 고전 시 중에 "거장의 손이 닿을 때"라는 시가 있습니다. 시의 내용은 이렇습니다. 낡은 바이올린 한 대가 경매장에 나왔습니다. 사람들은 그 바이올린을 3달러 이상 주고 사려고 하지 않았습니다. 그런데 한 노인이 그 낡은 바이올린을 들고 먼지를 털고 손수건을 꺼내 구석구석 닦으면서 얘기했습니다. "사랑하는 아들아, 잘 있었는가? 내가 40년 만에 너를 만져 보는구나." 그러더니 바이올린을 튜닝하고는 어깨에 올려놓고 현을 조율하고 연주하기 시작했습니다.

경매장에 나온 수많은 사람이 갑자기 어디선가 들려오는 아름다운 바이올린 소리를 듣고 몰려들기 시작했고, 환상적인 연주에 매료되었습니다. 연주가 끝난 다음 사람들은 바이올린을 구입하기 위해 몰려들었습니다. 결국 낡은 바이올린은 3달러의 1,000배인 3,000달러에 낙찰되었습니다.

바이올린의 값어치가 올라간 까닭은 바이올린 자체가 변했기 때문이 아닙니다. 바로 그 바이올린을 만진 거장 때문이었습니다. 거장의 손이 닿을 때 바이올린의 가치가 엄청나게 올라갔습니다.

살다 보면 자기 자신이 어쩌면 3달러짜리 바이올린과 같이 초라하게 여겨질 수 있습니다. 그런 우리에게 이유 없이 거장의 손인 하나님의 손길이 다가와 우리를 만졌습니다. 곧 우리의 연약한 부분이 다듬어지기 시작했습니다. 그분의 만지심 때문에 보잘것없었던 내 삶이 아름다운 소리를 내는 삶으로 바뀐 것입니다. 그래서 우리는 다음과 같은 확신을 가지고 삽니다. "나는 천지를 창조하신 하나님의 자녀다. 나는 하나님이 주신 참 소망을 붙들고 오늘도 살아간다!"

야고보 사도는 자신의 삶을 돌아보았습니다. 목수의 아들로 태어나 아무도 돌아보지 않는 초라한 삶 속에 예수님이 찾아오셔서 그의 삶을 만져 주셨습니다. 그때 그는 영의 눈이 열렸고, 삶의 길이 보이기 시작했으며, 자기 인생을 다시 살게 되었습니다. 그리고 하나님이 공급해 주시는 대로 겸손과 성실과 구제와 봉사로 하나님 앞에서 아름다운 인생을 살아가는 사람이 되었습니다.

우리는 죄인이기 때문에 주 앞에 겸손할 수 있습니다. 우리를 결코 버리지 않고 우리와 함께하겠다는 주님의 약속이 여전히 우리 앞에 있습니다. 시련이 올 때 먼저 멈춰 내가 누구인지를 질문해 보십시오. 내가 믿는 하나님이 누구시며, 하나님은 나에게 어떤 분이신지를 다시 한 번 정립해 보십시오. 그리고 시련이 우리를 아름다운 성숙과 붙들어야 하는 참 소망으로 인도한다는 사실을 믿음의 눈으로 바라보며 능히 이겨 내는 지혜가 필요합니다. 더 나아가 우리가 연약할 때 바로 주님께 구하는 믿음도 요구됩니다.

오늘 우리는 어려운 때를 살아가고 있습니다. 하나님의 지혜가 어려움을 이겨 나가는 용기와 힘이 됩니다. 하나님의 지혜로 하나님이 인도하시는 길을 따라가는 믿음의 사람이 되기를 바랍니다.

삶의 위로는
어디에서
올까

열왕기상 19:1-8

혹시 살면서 이유 없이 불안하거나, 별일이 아닌데도 화가 난 적은 없습니까? 그리고 다른 사람의 비판에 과도하게 민감해지거나, 잠이 오지 않아서 고통스럽거나, 혹은 내가 할 수 있는 일이 아무것도 없는 현실 때문에 계속 잠만 자고 싶은 마음은 없었는지요?

코로나19가 발생한 이후 우리 사회에는 새로운 용어들과 증상들이 많이 나타났습니다. 대표적인 것이 '코로나 블루'(Co-rona blue)입니다. '코로나'(Corona)와 '우울증'을 뜻하는 'blue'가 합해진 신조어로서, 코로나19의 확산으로 일상에 큰 변화가 닥치면서 생긴 우울감이나 무기력증을 말합니다. 일상생활이 중단되고, 경제적인 어려움과 건강에 대한 위협이 계속되면 우리의 마음과 몸이 무너지기 쉽다는 것을 잘 보여 줍니다.

일반적으로 인간은 상실과 질병 혹은 좌절을 겪을 때 이처럼 정서적인 어려움이 나타나기도 하고, 심각해지면 정신적

질환으로도 이어집니다. 이런 증상들은 일부에 국한되는 것이 아니라 우리의 온몸과 마음에 나타나며, 심지어 영적으로도 깊은 침체 가운데 빠뜨립니다.

열왕기상 19장에 나오는 엘리야는 우리가 알던 하나님의 사람 엘리야의 모습이 아닙니다. 엘리야는 앞서 권세 있는 아합왕 앞에 나타나 당당하게 하나님의 말씀을 외쳤고, 다른 선포가 있지 않는 한 비가 오지 않을 것이라는 하나님의 예언을 전한 사람이었습니다. 뿐만 아니라 갈멜산에서 막강한 세력을 가지고 있던 바알 선지자들과 홀로 대결해서 당당하게 승리했습니다. 그리고 또한 그가 갈멜산 꼭대기에서 엎드려 기도하자 3년 6개월 동안 오지 않던 비가 내렸습니다.

이처럼 당당하고 패기 넘치는 엘리야의 모습은 어디 있습니까? 지금 엘리야는 먼 길 광야로 도망가서 로뎀나무 아래에서 하나님 앞에 죽기를 구하는 처지로 전락했습니다. 정말 바닥을 헤매고 있습니다. 어떻게 이처럼 한순간에 사람이 변할 수 있을까요. 어쩌면 엘리야의 모습이 오늘을 살아가는 우리의 모습은 아닌지 모르겠습니다.

혹시 한없이 무기력해지고, 내가 할 수 있는 일이 무엇인지 몰라 더 이상 어떻게 살아야 할지 알지 못하겠다면 하나님이 엘리야를 어떻게 회복시키시는지를 살펴보기 바랍니다. 인생의 밑바닥에 축 처진 상태로 버려진 내 삶이 회복되려면 어떻게 해야 할까요?

⟨ 지친 육체를 풀어 주는 손길

첫째, 지친 육체가 하나님의 어루만지심으로 회복되어야 합니다.

하나님은 엘리야의 지친 육체를 어루만지셨습니다. "로뎀나무 아래에 누워 자더니 천사가 그를 어루만지며 그에게 이르되 일어나서 먹으라 하는지라"(왕상 19:5). 여기서 '어루만지다'라는 말의 히브리어는 '노게아르'인데 '나가'의 분사형입니다. 이는 엘리야를 지속적으로 어루만지는 의미도 되지만, 몸에 접촉함으로써 엘리야를 깨운다는 뜻으로 사용되었습니다. 그런데 이 단어의 원래 의미를 보면, 엘리야의 몸을 만질 뿐 아니라 몸을 회복시키기 위한 계속적인 일깨움을 가리킵니다. 그리고 몸에 일어날 수 있는 힘을 부여해 주는 능력의 만짐을 의미합니다.

하나님은 무엇보다도 엘리야의 몸이 얼마나 많이 지쳐 있는지 잘 알고 계셨습니다. 그래서 지친 육체가 회복될 수 있도록 숯불에 구운 떡과 물 한 병을 준비해 놓으신 후 엘리야를 먹이셨습니다. 또한 엘리야에게 단잠을 허락하시어 회복의 시간을 갖게 하셨습니다.

하나님은 우리의 영혼에만 관심을 갖고 계시는 분이 아닙니다. 성경은 인간의 몸을 창조하신 하나님이 몸의 건강을 영혼의 건강 못지않게 소중히 여기신다고 자주 이야기합니다. "평강의 하나님이 친히 너희를 온전히 거룩하게 하시고 또 너희의 온 영과 혼과 몸이 우리 주 예수 그리스도께서 강림하실 때에 흠 없게 보전되기를 원하노라"(살전 5:23). 하나님이 말씀하시는 전 인격 속에 우리의 몸이 영과 혼과 동일한 비중으로 포함되어 있는 것을 알 수 있습니다.

엘리야에게 단잠과 먹을 것과 마실 것을 주신 하나님은 지쳐 있는 엘리야의 몸이 회복되어야 사명을 감당할 수 있다는 것을 아셨기에 그의 육체를 어루만지시어 그에게 새 힘을 주셨습니다.

사람들은 오래 살기 위해, 매력 있는 사람이 되고자 몸을 건강하게 가꿉니다. 하지만 그리스도인인 우리는 하나님의 부르심에 합당하게 쓰임 받기 위해서 건강을 지켜야 합니다. 건강을 위한 좋은 습관을 들여 건강한 몸으로 준비되었다가 하나님이 부르실 때 건강하게 사용되어야 합니다.

하나님은 지친 엘리야의 육체를 어루만져 회복시키신 것처럼, 우리의 지친 육신 또한 어루만지심으로 새 힘을 공급해 주십니다. 건강을 잘 관리해 하나님이 부르실 때 그 건강한 육체로 죄를 짓는 기회를 삼는 것이 아니라, 주 앞에 더 가까이 나아가 주님이 맡겨 주신 사명을 잘 감당하는 하나님의 사람이 되어야 합니다.

〉 절망한 마음을 달래는 손길

둘째, 절망한 마음이 하나님의 어루만지심으로 회복되어야 합니다.

하나님은 엘리야의 육체에 이어 그의 깨어진 마음을 어루만지셨습니다. 심리학에서는 우리 마음이 유리판과 같다고 말합니다. 그래서 한 부분이 충격을 받으면 마음판 전체에 금이 가면서 온 마음이 상하게 되는 것입니다. 마음판이 심하게 깨어지면 사람은 삶의 의미와 목표를 상실하게 되고, 결국 방황하게 됩니다. 살아갈 의욕을 잃어버리게 되는 것입니다.

엘리야의 마음이 얼마나 많이 상해 있었는지를 4절을 보면 잘 알 수 있습니다. "자기 자신은 광야로 들어가 하룻길쯤 가서 한 로뎀나무 아래에 앉아서 자기가 죽기를 원하여 이르되 여호와여 넉넉하오니 지금 내 생명을 거두시옵소서 나는 내 조상들보다 낫지 못하니이다 하고."

마음이 깨어지면 자기가 그토록 중요하게 생각했던 일에 대해서도 의미를 느끼지 못하게 됩니다. 그동안 애써서 이루어 놓은 놀라운 업적들도 무의미하게 여겨집니다. 하나님 앞에서 섬겼던 봉사와 헌신도 더 이상 자기와는 상관없다고 생각됩니다. 그리고 '내가 할 수 있는 일은 아무것도 없다'는 무기력함으로 주저앉게 됩니다.

그렇다면 엘리야의 마음판은 어떻게 해서 깨어지게 되었습니까? 크게 세 가지로 볼 수 있습니다.

먼저, 대단한 일을 하고 난 후 찾아오는 공허감이 우리 마음의 균형을 깨뜨릴 때가 많습니다. 북이스라엘 왕정이 시작되고 58년 동안 7명의 왕이 세워졌음에도 불구하고 아무도 하나님을 섬기지 않았고 우상을 숭배하는 흐름이 지속되었습니다. 엘리야가 그러한 시류를 거슬러서 세상 한복판에서 하나님의 살아 계심을 선포했으니, 얼마나 크고 놀라운 일을 했습니까. 그러나 그 후 찾아온 공허감을 엘리야는 견딜 수가 없었습니다. 우리가 어려울 때보다 오히려 잘될 때 훨씬 더 조심하고 주의해야 하는 이유가 여기 있습니다. 마음판이 쉽게 깨어지기 때문입니다.

또 하나, 엘리야의 기대와 실망이 그의 마음판을 깨뜨렸습니다. 엘리야는 하늘에서 불을 내려 제단을 태우고, 백성들이 자신의 명령을 따라 바알 선지자들을 물리치고, 또 하늘에서 비를 내렸기 때문에 사람들이 마음을 돌이켜 자기편에 설 줄 알았습니다. 그리고 우상을 떠나 하나님의 사람으로 살아갈 것이라 기대했습니다. 그러나 아합왕의 아내 이세벨이 엘리야를 죽이겠다고 선포하자 자기편에 서서 막아 주거나 도와 주는 사람이 아무도 없었습니다.

큰일을 해 내고도 전혀 변화되지 않는 백성들의 모습과 누구라도 자기편에 서 줄 것이라는 기대가 실망으로 바뀌면서, 오로지 홀로 모든 어려움을 겪어 내야 한다는 외로움과 두려움이 그의 마음판을 깨뜨려 버렸습니다.

마지막으로, 엘리야의 마음판이 깨진 까닭은 연약해진 육체 탓일 수 있습니다. 건강할 때는 어떤 일을 만나도 잘 이겨 나가지만, 육체가 약해지면 자신감이 덩달아 사라지고 조금만 심각해져도 우울해져 마음판이 쉽게 깨어집니다.

엘리야는 이 모든 이유가 겹치면서 마음판이 완전히 깨어지고 무너져 버렸습니다. 그런데 하나님이 오셔서 엘리야의 마음을 어루만져 주심으로 참된 위로와 힘은 하나님께로부터 온다는 사실을 일깨워 주셨습니다. 세상에서 아무리 크고 놀라운 일을 했다 할지라도 하나님과의 관계가 무너지면 아무런 의미가 없고, 오히려 더 고통스럽고 아픈 상황으로 몰릴 뿐이라는 사실을 엘리야에게 알려 주신 것입니다.

하나님의 위로는 다시 시작할 수 있는 용기를 줍니다. 하나님의 위로는 눈앞의 문제에 머물러 있던 시선을 들어 저 멀리 보게 만듭니다. 그리고 현실 속에서 어떻게 살아야 할지에 대한 지혜와 믿음을 주며, 지금 여기 나의 삶을 포기하지 않고 다시 일어서서 살아 낼 수 있도록 용기와 힘을 줍니다.

넬슨 만델라(Nelson Mandela)는 흑인들의 인권을 찾기 위해 싸우다 종신형을 선고받아 40대에 투옥되었고, 70대에 석방되었습니다. 무려 27년간 감옥에 있은 그는 75세라는 고령에 남아프리카공화국 최초의 흑인 대통령이 되었습니다. 그의 회고록을 보면, 오랜 감옥 생활을 하고 나서 어떻게 건강을 유지할 수 있었냐는 한 기자의 질문에 그는 이렇게 답했습니다.

"나는 감옥에서 하나님께 늘 감사했습니다. 하늘을 보고 감사하고, 땅을 보고 감사하고, 물을 마시며 감사하고, 음식을 먹으며 감사하고, 강제 노동을 할 때도 감사했습니다. 늘 감사했기 때문에 나는 건강을 유지할 수 있었습니다."

넬슨 만델라는 좁은 감방에서 때로는 힘들고 고통스러운 순간이라 할지라도 하나님이 내게 주신 선물이라고 믿고 감사함으로 그 긴 시간을 이겨 낼 수 있었습니다.

그리고 그가 어떤 상황에서도 무너지지 않고 견고하게 설 수 있었던 또 하나의 이유가 있는데, 바로 하나님이 자신이 반드시 해야 할 일을 남겨 두셨다는 비전에 대한 확신이었습니다.

하나님은 엘리야의 찢어지고 상한 마음에 계속해서 찾아오셨습니다. 아무도 모르는 로뎀나무 아래에 있는 엘리야를 하나님은 알고 계신다는 사실을 알려 주셨습니다. '내가 여기서 죽어 가고 있다는 것을 누가 알고 있을까? 내 마음이 이렇게 무너졌다는 것을 누가 알까? 이 세상에 나는 혼자밖에 없구나. 그리고 여기서 혼자 쓸쓸히 죽어 가는구나. 더 이상 일어날 기력조차 없구나.' 이처럼 상처투성이인 엘리야의 마음을 하나님은 보고 계시고, 알고 계시고, 친히 찾아오셔서 엘리야를 어루만지며 회복시켜 주셨습니다.

그 후 하나님은 엘리야에게 모세가 부르심을 받았던 하나님의 거룩한 산 호렙산으로 가라고 말씀하셨습니다. 하나님은 엘리야에게 "너를 향한 기대가 있으며, 너에게는 해야 할 일이 있다"는 것을 알리심으로 하나님의 소망을 불어넣어 주셨습니다.

하나님은 우리를 아십니다. 아시되, 우리의 앉고 일어서는 것까지 아십니다(시 139:2). 우리가 바다 끝에 가서 거주할지라도 하나님은 알고 계십니다(시 139:9). 하나님은 우리가 어떤 상황 속에 있는지, 어떤 마음을 갖고 있는지, 어떤 형편인지 다 알고 계십니다. 바로 그 하나님이 가치 없는 나를 찾아오셔서 나를 어루만지시고 나와 함께해 주십니다. 그리고 나에게 먹으라고, 그리고 힘을 내라고 말씀하십니다. 그리고 나를 어루만지시면서 나에게 다시 일어서서 "너에게 맡긴 분명한 사명이 있으니 감당하라"고 일깨워 주십니다.

하나님이 지친 마음을 어루만져 주셔서 현실과 문제에 매여 있던 우리의 눈이 다시 뜨여 그분이 우리를 위해 예비하신 사명을 바라보게 되기를 바랍니다.

〉영혼을 회복시키는 손길

셋째, 병든 영혼이 하나님의 어루만지심으로 회복되어야 합니다.

지금까지 엘리야의 행동에는 한 가지 원칙이 있었습니다. 하나님의 말씀에 순종하는 것입니다. 엘리야는 아합왕 앞에 혼자 설 때도 여호와의 말씀을 따라서 했습니다. 이세벨의 고향인 시돈에서 사르밧 과부의 집에 숨어 지낼 때도 그는 말씀을 따라 순종했습니다. 아합왕에게 다시 나타났을 때도 그는 말씀에 순종했습니다. 갈멜산에서든, 어디에서든 하나님 말씀에 순종하는 것이 엘리야의 삶의 대원칙이었습니다. 엘리야의 삶은 온통 불가능 가운데 있었지만 그는 오직 하나님 말씀을 순종하면서 살았기에 지금까지 오게 되었던 것입니다.

그러나 본문의 상황에서 엘리야는 하나님의 말씀을 듣지 않았습니다. 자기 마음과 환경을 따랐고, 선택했으며, 움직였습니다. "그가 이 형편을 보고 일어나 자기의 생명을 위해 도망하여 유다에 속한 브엘세바에 이르러 자기의 사환을 그곳에 머물게 하고"(왕상 19:3).

이 말씀을 원문 그대로 번역하면 "그리고 그는 보았다. 그리고 그가 일어났다. 그리고 그가 떠났다"입니다. 엘리야는 무엇을 보았습니까? 자기와 함께하시는 하나님, 자기에게 말씀하시고 자기를 인도하시는 하나님을 본 것이 아니라, 환경과 이세벨을 보았고 이세벨의 위협하는 말을 들었습니다.

비록 어렵지만 그 가운데서 하나님의 말씀을 듣고, 그 말씀의 눈으로 현실을 바라보면 우리가 처한 현실에 함몰되지 않을 수 있습니다. 그 현실 가운데서 하나님의 언약을 바라보면 절망적인 내 자리를 딛고 일어서서 걸을 수 있는 힘이 솟아납니다. 내가 하나님 말씀 속에 있다는 사실을 기억하는 것이 중요합니다. 그 사실을 잊어버리고 환경과 그 환경 앞에 무기력한 나 자신을 바라보게 되면 우리는 주저앉게 되어 있습니다.

엘리야는 지금까지 하나님의 영광을 위해서 살았습니다. 그런데 여기서는 엘리야가 '자기의 생명을 위해' 도망했습니다. 물론 우리의 생명은 중요합니다. 그러나 엘리야가 그동안 하나님의 능력의 선지자로 살 수 있었던 까닭은 자기 생명보다 하나님의 영광을 위해서 살았기 때문입니다. 자기 생명을 위해서 살 때 그는 도망할 수밖에 없었고, 두려움으로 가득 찰 수밖에 없었으며, 더 이상 사명을 감당할 수가 없었습니다.

하나님은 엘리야에게 하나님의 말씀을 통해 이제 그가 바라봐야 할 것과 가야 할 곳과 해야 할 일을 말씀해 주시면서 그의 병든 영혼을 회복시켜 주셨습니다. 다시 하나님 말씀을 따라가게 하시고, 말씀의 능력과 은혜를 공급받게 하셨습니다.

물 위를 걷던 베드로는 주님에게서 눈을 떼고 파도와 풍랑을 볼 때 물에 빠졌습니다. 신앙생활이란 이처럼 물 위를 걷듯 아슬아슬합니다. 보이지 않는 하나님을 어떻게 믿을 수 있습니까?

더 중요한 질문이 있습니다. 어떻게 죄인인 우리가 하나님의 보좌 앞에 나아갈 수 있습니까? 내가 봐도 포기할 수밖에 없는 내가 어떻게 하나님의 자녀가 되고 하나님의 구원을 받을 수 있습니까? 이것은 물 위를 걷는 것보다 훨씬 더 놀라운 기적의 역사요, 오직 하나님의 언약만을 바라볼 때 가능한 일입니다. 하나님은 내가 비록 죄인이지만, 죄인 된 나를 내버려 두지 않으시고 보혈로 적셔 깨끗하게 하시어 하나님의 보좌 앞에 담대히 나아갈 수 있는 하나님의 자녀가 되게 하셨습니다. 하나님의 언약 백성이 되게 만드신 것입니다. 이 놀라운 약속을 붙들 때 우리는 소망이 없는 이 땅 가운데서 소망을 가지고 살아갈 수 있는 힘을 얻습니다. 이 사실 자체가 기적이 아닙니까!

그러나 하나님의 약속에서 눈을 떼고 우리의 현실을 바라보면, 그 즉시 두려움과 불안의 물결이 우리 주위를 둘러쌉니다. 불안과 염려의 원인을 가만히 들여다보며 점검해 보십시오. 분명 자신이 말씀에 대한 집중력이 현저히 떨어져 있다는 사실을 깨닫게 될 것입니다.

하나님이 지친 우리에게 주시는 말씀이 있습니다. "여호와의 천사가 또다시 와서 어루만지며 이르되 일어나 먹으라 네가 갈 길을 다 가지 못할까 하노라 하는지라"(왕하 19:7). 하나님의 약속의 말씀을 다시 들어야만 가야 할 길을 다 갈 수 있다는 하나님의 음성입니다.

뿐만 아니라 하나님은 이사야 40장 1절에서 이렇게 말씀하십니다. "너희의 하나님이 이르시되 너희는 위로하라 내 백성을 위로하라." 나의 문제를 해결하는 데서 그치지 말고, 힘든 이 땅의 사람들을 위로하라는 하나님의 음성입니다. 사람들이 왜 이렇게 어려움 가운데 있습니까? 위로받을 데가 없기 때문입니다. 소망이 보이지 않기 때문입니다. 하나님은 우리가 가진 소망, 우리가 가진 복음의 기쁨을 사람들에게 나누어 주라고 우리에게 말씀하십니다.

～

하나님의 말씀을 통해 우리를 어루만지시는 하나님의 은혜가 우리의 육체와 마음과 영혼에 부어지기를 원합니다. 하나님이 주신 용기와 새 힘을 가지고 우리에게 맡겨진 주님의 일을 감당하기 위해 오늘 잘 준비합시다. 역경과 고난과 시련을 통해 단련받고, 하나님이 부르실 때 마음껏 쓰임 받는 주님의 백성이 되기를 소망합니다.

말씀의 눈으로 현실을 바라보면
우리가 처한 현실에 함몰되지 않을 수 있습니다.
그 현실 가운데서 하나님의 언약을 바라보면
절망적인 내 자리를 딛고 일어서서 걸을 수 있는
힘이 솟아납니다.

여덟 번째 시간

지푸라기 인생을 벽돌 인생으로 만들기

누가복음 17:11-19

추수가 끝나고 남은 지푸라기가 바람에 날리는 광경을 본 적이 있습니까? 흔히 '지푸라기 같은 인생'이라는 말은 바람에 쉽게 날아가 사라지는, 아무런 존재감도 없는 사람을 비유합니다. 희망도, 의지할 것도 없어 살아 있지만 죽어 가는 자를 이야기할 때 쓰는 표현입니다. 그 대표적인 사례가 본문인 누가복음 17장에 나오는 10명의 나병 환자들입니다.

10명의 나병 환자들은 육신의 고통 속에 살아갔습니다. 그리고 나병이라는 질병의 특성상 가족들과 함께 살아갈 수 없어서 마을 외곽으로 쫓겨나 마을 사람들이 가져다주는 음식으로 근근이 연명하며 외로움과 싸워야 했습니다. 그리고 이보다 더 힘든 일이 있었습니다. 나병 환자는 하나님의 율법에 의해 부정한 자였기에 하나님 앞에 나아가 마음껏 예배하지 못해 영적으로도 고립되었습니다.

이처럼 3중 고통에 시달린 10명의 나병 환자들의 삶은 바람 따라 이리저리 휘날리는 지푸라기와 꼭 닮은 인생이었습니다. 그런데 그들 중에서 특별히 사마리아 출신의 한 나병 환자가 예수님을 만나고 난 후 지푸라기 인생에서 흙벽돌이 되어 집을 쌓아 나가는 아름다운 인생으로 변화된 이야기가 본문에 나옵니다.

우리는 기적이 필요한 시대에 살고 있습니다. 사실 우리가 누리는 많은 것이 기적입니다. 과거에는 놀라운 기적이라고 여겼던 일들이 오늘날 우리의 눈에는 평범한 일상이 되지 않았습니까. 그러나 여전히 이 땅에는 기적을 갈망하는 이들이 많습니다. '하나님이 기적으로 내 문제를 풀어 주지 않으시면 나는 결코 헤쳐 나갈 수가 없다'고 생각하는 사람들이 얼마나 많은지 모릅니다.

사마리아 나병 환자의 삶을 변화시킨 기적이 진정 내 삶에서도 이루어지기를 바란다면 하나님의 말씀 앞에 자기 삶을 비춰 보면서 그 기적의 역사에 오늘 우리도 동참해야 합니다.

〈 절박한 믿음

첫째, 절박한 믿음이 기적을 일으킵니다.

믿음에는 믿음의 대상과 믿음의 내용이 있어야 합니다. 그리고 믿음의 자세가 있어야 그 믿음이 삶으로 이어집니다.

"소리를 높여 이르되 예수 선생님이여 우리를 불쌍히 여기소서 하거늘"(눅 17:13). 예수님이 주변을 지나가실 때 10명의 나병 환자들은 기회를 놓치지 않고 주님께 "예수 선생님이여 우리를 불쌍히 여기소서" 하고 부르짖었습니다. 그들의 절박한 호소와 간절함을 보십시오. 그 속에는 놀라운 신앙 고백이 담겨 있습니다.

보통 '선생님'을 부를 때는 '랍비'라는 표현을 씁니다. 그런데 여기서 '예수 선생님이여'라는 말에는 '주님'이라는 의미가 담긴 '에피스타타'라는 헬라어 단어를 사용했습니다. 10명의 나병 환자들에게는 랍비의 가르침이 필요하지 않았습니다. 지금 그들에게는 치유의 기적이 절실했습니다. 그래서 예수님을 부를 때 단순히 진리를 가르쳐 주는 선생님이 아니라, 내 삶을 새롭게 해 줄 수 있는 권세와 능력을 가지신 예수님의 이름을 부른 것입니다. 즉 "예수님 당신이야말로 내 인생을 바꿀 만한 분이십니다"라는 믿음이 담긴 고백인 것입니다.

육신의 병은 단지 육신의 병으로 끝나지 않습니다. 곧 마음의 병으로 이어질 뿐 아니라 관계의 병으로도 이어지고, 또한 영적인 어려움으로 발전됩니다. 나병 환자들은 이처럼 병으로 인해서 인생 자체가 무너져 가는 사람들이었습니다. 예수님이야말로 이 절체절명의 위기 가운데서 자신들의 인생을 근본적으로 변화시키실 수 있는 메시아시라는 고백을 그들의 외침에서 읽을 수 있습니다.

나병 환자들에게는 예수님을 자신들을 구원하실 분으로 믿는 믿음과 더불어 무엇과도 비견할 수 없을 만큼의 절박함이 있었습니다. 그들은 절박한 믿음이 있었기에 "예수 선생님이여 우리를 불쌍히 여기소서"라고 부르짖었습니다.

그들의 절박한 외침에도 불구하고 처음에는 예수님은 대답하지 않으셨습니다. 그런데도 그들은 중단하지 않고 외쳤습니다. 절박한 믿음이 있었기 때문입니다. 예수님이 아니면 자신들의 삶을 바꿀 수가 없다는 안타까움이 그들로 하여금 계속해서 부르짖게 만들었습니다.

의사들에 의하면, 나병은 우리의 몸만 병들게 하는 것이 아니라 나중에는 목소리까지도 없어지게 만든다고 합니다. 만약 그들의 목소리가 이미 사라졌다면 그들의 외침이 예수님의 귀에 얼마나 들렸겠습니까. 하지만 그들은 최선을 다해 피를 토하듯 예수님께 간절히 간구했습니다.

하나님은 우리의 중심과 간절함을 보시는 분입니다. 뼛속 깊은 곳에서 우러나올 정도로 애절하게 하나님께 기도를 드려 본 적이 있습니까? 저는 미국에서 아내가 어려움을 많이 겪고 아플 때 너무나 불쌍해서 그처럼 간절한 마음으로 기도했습니다. 아내를 지켜 주지 못한 남편이라는 안타까운 마음이 들면서 금식하고, 또 3주를 이어서 금식했는데 이대로 살다가 죽어도 괜찮겠다는 절박함이 들었습니다. 그 후 저는 제 곁에 있는 아내를 볼 때마다 "하나님, 저 사람 살려 주세요"라고 간절히 구했던 그때 그 기도에 응답하신 하나님께 감사드립니다. 하나님 앞에 정말 죽을 심정으로 절박하게 기도해 본 적이 있습니까?

이사야 선지자는 "너희는 여호와를 만날 만한 때에 찾으라 가까이 계실 때에 그를 부르라"(사 55:6)라고 말했습니다. 나병 환자들은 예수님이 지나가실 때 그분을 부를 수 있는 기회를 놓치지 않았습니다. 사실 살면서 요즘만큼 어려운 때가 있었습니까? 그러니 간절하게 주님께 부르짖어야 할 때가 지금이 아니면 언제이겠습니까. 한 사람의 간절함과 부르짖는 기도가 어느 때보다 소중한 때입니다.

〈 작은 일에 순종하는 믿음

둘째, 믿음으로 순종할 때 기적이 일어납니다.

"보시고 이르시되 가서 제사장들에게 너희 몸을 보이라 하셨더니 그들이 가다가 깨끗함을 받은지라"(눅 17:14). 10명의 나병 환자들이 예수님께 간절히 부르짖자 주님이 그들을 보시고는 "가서 제사장들에게 너희 몸을 보이라"라고 말씀하셨습니다.

그들의 부르짖음을 듣고 보면 상황과 현실이 심각하고 처절하기까지 합니다. 지금 당장 뛰어가서 구해 줘야 합니다. 그러나 주님은 바로 응답하지 않으셨습니다. 그러면서 여기서 부르짖음과 응답 사이에 꼭 필요한 것을 교훈하십니다. 그것은 바로 순종입니다. 믿음에 근거한 순종은 하나님의 기적을 불러오는 데 반드시 필요한 요소입니다.

당시 율법에 의하면, 나병 환자는 제사장에게 몸을 보여 병이 나았다는 확인을 받고 난 다음에야 공동체에 들어갈 수 있었습니다. 그런데 예수님은 낫기 전에 제사장들에게 몸을 보이라고 말씀하셨습니다. 나병 환자들의 입장에서 생각해 보면, 그들은 자기 몸에 아무런 변화가 일어나지 않았기에 예수님의 말씀을 따라 행동할 이유가 없었습니다.

고질병이나 난치병을 앓는 사람은 대개 자기 병에 대해 수많은 정보를 갖고 있습니다. 주변 사람들이 그 병에 대해 아는 척을 합니다. 그러나 그 말을 다 들어 효험이 좋다는 약도 써 보고, 민간요법도 따라 해 보고, 이름난 병원을 수없이 드나들어도 병이 호전되지 않는 사람이 겪는 피곤함이란 이루 말할 수가 없습니다.

열두 해 혈루증을 앓던 여인이 그러했습니다. 마가는 그 여인을 설명하면서 "많은 의사에게 많은 괴로움을 받았고"(막 5:26)라고 표현했습니다. 돈은 돈대로 잃고, 마음은 지칠 대로 지쳤기에 더 이상 누구의 말이든 쉽게 받아들일 수 없었고, 순종할 수는 더더욱 없는 상태였습니다.

더구나 10명의 나병 환자들은 몸에 변화가 전혀 없었습니다. 그러나 예수님이 말씀하시자 그들은 제사장들에게 갔습니다. 그리고 가다가 길에서 그들의 병이 나았다는 사실을 발견했습니다. 그들은 예수님의 말씀을 믿고, 믿음으로 순종했기에 병 고침의 기적을 체험한 것입니다.

성경은 어리석은 사람은 하나님의 말씀을 듣지 못한 사람이 아니라, 하나님의 말씀을 듣고도 순종하지 않는 사람이라고 말합니다(마 7:26-27). 나병 환자들은 예수님의 말씀을 믿었습니다. 아무런 증거가 나타나지 않았어도 말씀에 순종해 제사장들에게 달려갔습니다. 순종이 기적으로 이어졌습니다. 앤드류 머레이(Andrew Murray)는 그리스도인이 되었을 때 처음 입학하는 학교가 '하나님의 순종 학교'라고 말했습니다.

하나님은 우리에게서 믿음의 순종을 보기 원하십니다. 믿음이 삶으로 나타나고 생활 속에 구체화되기를 바라십니다. 구체적인 순종이 이적과 기적을 일으킵니다. 순종도 훈련이 필요합니다. 작은 일부터 하나님 말씀에 순종하는 훈련을 해보기 바랍니다.

⟩ 감사를 고백하는 믿음

셋째, 믿음으로 감사할 때 기적이 일어납니다.

10명의 나병 환자들은 말씀에 순종해 제사장들에게 가는 길에서 병이 나았다는 사실을 발견했습니다. 내 몸에 기적이 일어났는데 얼마나 감격스러웠겠습니까. 그중에서 사마리아 사람은 큰 소리로 외쳤다고 성경은 이야기합니다(눅 17:15). 이보다 더 어떻게 기쁨을 표현할 수 있을까요. 비참한 지푸라기 인생으로 살 수밖에 없었는데 치유받아 삶의 근본이 바뀌는 놀라운 변화가 일어났는데 말입니다.

병이 낫자 아마 그들 각자에게는 그 기쁜 소식을 전하고 싶은 사람이 있었을 것입니다. 어떤 사람은 제사장들에게 먼저 가서 몸을 보여 주고 공동체로 빨리 찾아갔을 것입니다. 또 어떤 사람은 집으로 달려가 그리운 가족들을 만났을 것입니다. 그러나 유대인들로부터 질시와 멸시를 받았던 사마리아 출신의 나병 환자는 길에서 자신이 나았다는 사실을 알고는 큰 소리로 하나님께 영광을 돌렸고, 가던 길에서 돌이켜 기적을 일으키신 예수님 앞에 나아가 감사를 드렸습니다.

"예수의 발 아래에 엎드리어 감사하니 그는 사마리아 사람이라"(눅 17:16). 발 아래에 엎드린 자세는 상대방 앞에 고개가 땅에 닿도록 엎드린 모습으로, 자기가 표현할 수 있는 모든 존경과 사랑을 다 드리는 태도입니다. 그리고 발 앞에 엎드렸다는 표현에 이어 나오는 '감사하다'라는 말의 헬라어는 '유카리스톤'인데, 하나님이 죄인에게 베풀어 주신 은총에 대한 감사를 의미합니다. 즉 그가 예수님께 감사드린 것은 단순히 병을 낫게 해 주셔서가 아니라, "내 인생을 송두리째 바꿔 주신 예수님이야말로 나의 구세주시요, 내 인생의 주인이십니다"라는 고백이 담긴 감사인 것입니다. 병 나음을 통해서 예수님의 메시아 되심을 더욱 깊이 인식하고 하나님께 감사의 마음을 전한 것입니다.

그런데 중요한 것은 예수님이 그에게 나머지 9명의 나병 환자들에 대해 물어보셨다는 사실입니다. "예수께서 대답하여 이르시되 열 사람이 다 깨끗함을 받지 아니하였느냐 그 아홉은 어디 있느냐"(눅 17:17). 그리고 19절에서 예수님은 그에게 "일어나 가라 네 믿음이 너를 구원하였느니라"라고 말씀하셨습니다.

예수님이 우리에게 찾으시는 것이 있습니다. 바로 감사입니다. 10명의 나병 환자들은 자신들의 필요를 정확하게 알고 믿음으로 예수님께 나아가 간절히 부르짖었습니다. 믿고 순종했습니다. 이것만 해도 대단한 일입니다. 그런 그들에게 예수님이 찾으신 것은 바로 그 일을 행하신 하나님께 대한 감사였습니다.

감사는 하나님의 살아 계심을 믿는 사람만이 할 수 있습니다. 또한 하나님이 내 삶에서 행하신 일을 인정하는 사람만이 감사할 수 있습니다. 아울러 겸손한 사람이 하나님께 감사할 수 있습니다. 주님은 우리에게 "나머지 아홉은 어디 있느냐?" 라고 물으십니다. 하나님은 온전한 감사를 원하고 계십니다.

그렇다면 우리가 감사하지 못하는 이유는 무엇일까요? 무엇보다도 하나님이 아들 예수 그리스도를 통해서 우리에게 주신 구원이 얼마나 소중한지를 모르기 때문입니다. 그 사실을 모르면 우리의 감사는 겉도는 감사에 불과합니다. 또한 그 구원을 당연하게 생각하기 때문입니다. 코로나19가 우리에게 준 가장 큰 교훈은 지난날 우리의 일상이 얼마나 축복이었는지를 깨닫게 해 준 것 아닙니까. 그렇다면 지금 비록 힘들지만 훗날 오늘을 돌이켜 볼 때 이 상황도 하나님이 주신 가장 큰 감사의 기회가 될 수 있지 않을까요.

마스크를 쓰고 다니는 것, 사랑하는 사람들을 편안하게 만날 수 없는 것은 정말 힘든 상황입니다. 그러나 그로써 우리의 삶이 많이 정결해지고, 여유로워진 시간에 하나님께 더 가까이 나아갈 수 있게 되었다면 지금의 불편함은 오히려 거룩한 불편함일 것입니다. 하나님께 오히려 감사의 조건이 될 줄 어떻게 알겠습니까. 그래서 주님은 우리에게 범사에 감사하라고 말씀하셨습니다(살전 5:18).

미국으로 이주하기 위해 메이플라워호를 탄 청교도들은

배 안에서도 수많은 사람이 죽었지만, 그 땅에 도착해서도 질병 등으로 사망한 사람들이 많았습니다. 신앙의 자유를 찾아 미국에 왔으나 1년 동안 농사를 지으면서 얼마나 고생을 했는지 모릅니다. 그러나 그들이 결코 잊어버리지 않은 것은 하나님께 대한 감사였습니다. 다음은 청교도들의 고백 가운데 일부입니다.

"촛불을 보고 감사하는 사람에게 하나님은 별빛을 주시고, 별빛을 보고 감사하는 이들에게 달빛을 주시고, 달빛을 보고 감사하는 이들에게 태양빛을 주시고, 태양을 인해 감사하는 이들에게는 태양빛도 필요 없는 천국을 주신다."

우리의 신앙 고백의 완성은 감사라는 사실을 기억해야 합니다. 또한 더 크고 놀라운 축복의 문을 여는 열쇠도 감사라는 사실을 명심해야 합니다.

당분간 표면적으로 보면 감사한 것보다는 고통스럽고 불편하고 원망스러운 일이 더 많을 것입니다. 그러나 그렇기에 더 진실한 감사를 주님 앞에 드릴 수 있지 않을까요. 캄캄한 밤하늘에 빛나는 작은 별들을 보십시오. 하늘이 캄캄하기에 별들이 더욱 빛나듯이, 가장 힘들었던 순간 진심을 다해 하나님께 드렸던 감사가 우리의 삶에 보석처럼 빛날 것입니다. 우리가 부르는 감사와 찬송은 단순한 감사와 찬송이 아닙니다. 삶의 역경 속에서도 하나님을 찾은 감격과 기쁨, 그리고 믿음의 고백을 담아서 부르는 감사와 찬송입니다.

❥

우리가 누리는 모든 것은 복음에 빚을 졌습니다. 아니, 엄밀히 말해 복음에 빚을 진 것만이 아닙니다. 우리가 살아온 지난날을 보십시오. 사람들의 돕는 손길이 없었다면 우리는 살아올 수 없었습니다. 사람들이 뿌려 놓은 씨앗을 먹고 오늘 여기까지 왔습니다. 그렇다면 이제 우리는 우리 시대에 우리의 씨앗을 뿌려야 합니다. 기도의 씨앗, 순종의 씨앗, 감사의 씨앗을 뿌립시다.

우리 스스로 지푸라기 인생 같다고 느껴질 때가 있을 것입니다. 아무도 관심 갖지 않는 내 인생에 어느 날 주님이 오셔서 지푸라기인 나를 벽돌을 더 단단하게 만드는 재료로 사용하시어 집을 세우십니다. 하나님이 내 인생을 세우고 계심을 믿고 감사합시다.

그래도
기다려야
한다

누가복음 2:22-39

우리는 지금 한 번도 경험해 보지 못한 일들을 겪으면서 그간 안 해 보던 생각도 하게 됩니다. 즉 그동안 우리 인생에 어떤 일이 생기면 그 일을 두고 '어떻게 살아갈까?'를 생각했는데, 이제는 궁극적으로 '내 인생을 어떻게 사는 것이 가장 잘 사는 것일까?'라는 고민에 빠지게 된 것입니다. 그렇다면 어떻게 사는 것이 잘 사는 것일까요?

누가복음 2장은 인생을 정말 잘 살았다고 소개할 만한 두 인물의 이야기를 전해 줍니다. 바로 시므온과 안나입니다. 하나님은 그들의 삶을 통해서 어렵고 힘든 시대에 어떻게 사는 것이 잘 사는 것인지를 우리에게 가르쳐 주십니다.

〉메시아를 기다리는 삶

첫째, 메시아의 오심을 기다리며 살아야 합니다.

"예루살렘에 시므온이라 하는 사람이 있으니 이 사람은 의롭고 경건하여 이스라엘의 위로를 기다리는 자라 성령이 그 위에 계시더라 그가 주의 그리스도를 보기 전에는 죽지 아니하리라 하는 성령의 지시를 받았더니"(눅 21:25-26). 시므온이 기다린 것은 바로 이스라엘을 위로하시고 구원하시는 메시아였습니다. 그 당시 많은 사람이 명예, 물질, 자유, 평화를 기다리며 살았는데, 그는 메시아를 기다리는 삶을 살았다고 성경은 전합니다.

심리학자 윌리엄 마스턴(William Marston) 박사가 3,000명을 대상으로 설문조사를 한 결과, 많은 사람이 자기가 사는 목적의 94%를 기다리는 일에 쓰고 있다고 답했습니다. 소식을 기다리고, 사람을 기다리고, 기회를 기다리고, 좀 더 나아지기를 기다리고, 보다 좋은 세월이 오기를 기다리다가 인생을 다 보낸다는 것입니다.

노벨 문학상을 수상한 작가 사무엘 베케트(Samuel Beckett)의 대표작인 《고도를 기다리며》에서는 블라디미르와 에스트라공이라는 늙고 가난한 두 광대가 고도라는 사람을 기다리면서 대화를 나눕니다. 작가는 이 대화를 통해 인간은 오지 않을 바로 그 사람을 기다리며 인생을 보낸다는 사실을 알려 줍니다.

지금까지 무엇을 기다리며 살아왔습니까? 전염병으로 지

친 이 시기가 지나가기를 기다리고 있지 않습니까? 정말 어려운 시기가 지나가면 모든 것이 일상으로 돌아오고, 진정 기다리던 것을 만날 수 있을까요? 우리가 진실로 기다려야 하는 것은 무엇일까요?

시므온은 나이가 많았습니다. 즉 경륜과 지혜가 많은 사람이라고 할 수 있습니다. 오랜 세월 세파에 시달리면서 '인간이 기다리는 것은 희망'이라는 사실을 그는 알았습니다. 그러나 그와 더불어 '이 세상에는 희망이 없다'는 사실 역시 시므온은 알았습니다. 우리에게 진정 희망과 꿈을 주고 우리 삶이 의미 있어지는 순간은 메시아가 찾아오실 때만 가능하다는 것을 알았던 그는 수많은 기다림의 대상 중에 바로 메시아를 기다렸습니다. 삶을 정말 의미 있게 만들어 주면서 오늘 소망을 가지고 살아갈 수 있도록 해 주는 삶은 결국 메시아의 오심에 있다는 것을 알았기에 메시아를 기다리며 살았던 것입니다.

다윗은 자신에게 희망이 없는 사람이었습니다. 가족들조차 그를 버렸습니다. 친구도, 그를 도와준 사람들도 모두 죽임을 당했습니다. 모든 것을 다 잃어버린 삶이었습니다. 다윗의 표현에 의하면, 그의 인생은 기가 막힐 웅덩이와 수렁에 있었습니다(시 40:2).

그런 그가 기다린 것은 왕이 되는 것도 아니고, 편한 삶도 아니고, 자신을 괴롭히는 사울의 죽음도 아니었습니다. 다윗이 진정으로 기다린 것은 여호와 하나님이었습니다. 시편 40편 1절에서 다윗은 "내가 여호와를 기다리고 기다렸더니 귀를 기울이사 나의 부르짖음을 들으셨도다"라고 고백했습니다. 내 삶을 진정 바꿀 수 있는 분은 오직 하나님이시며, 하나님을 만나고 그 하나님이 임재하실 때 변화된 삶이 가능하다는 것을 그는 믿고 있었기 때문에 하나님을 찾고, 기다리고, 또 기다렸다고 고백한 것입니다.

우리의 인생은 기다림입니다. 그러나 무엇을 기다리고 있는지, 무엇을 위해서 살아가고 있는지 한 번쯤은 돌아봐야 합니다. 우리는 무엇을 기다리면서 살아왔습니까? 그 바람이 아직도 이루어지지 않았다며 실망하기 전에 생각해 볼 문제가 있습니다. 혹시 우리는 오지 않을 것을 기다리며 헛된 꿈을 꾸다 시간을 버리며 살아가고 있는 것은 아닐까요?

정말 내가 나답게 사는 삶, 진정 보람 있게 사는 복된 인생이란 무엇일까요? 그것은 바로 우리를 창조하시고 구원하신 예수 그리스도를 만나는 삶입니다. 우리는 다시 오실 주님을 기다리는 믿음을 가지고 살아가야 합니다.

⟩ 메시아를 맞을 준비를 하는 삶

둘째, 메시아를 기다리면서 맞이할 준비를 해야 합니다.

시므온은 막연하게 메시아를 기다리지 않았습니다. 그는 하나님의 위로를 기다리면서 의롭고 경건한 삶을 살았다고 성경은 전합니다. '의롭다'라는 단어의 원어는 '디카이오스'인데, 하나님과 사람의 법을 준수하는 사람, 혹은 정직한 사람이라는 뜻입니다. 또한 '경건하다'라는 단어의 원어는 '율라베스'로서 하나님을 경외할 때 나타나는 삶을 이야기합니다.

쉽게 말하면, 이 세상이 악으로 가득 찼다 할지라도, 사람들이 허무와 죽음을 말하고 바르게 살지 못하는 세상일지라도 시므온은 하나님이 자신에게 원하시는 삶을 날마다 실천하며 메시아를 기다렸다는 뜻입니다. 시므온은 불신과 두려움과 악이 홍행하는 세상에 휩쓸리지 않고 삶을 의미 있게 만드실 주님을 기다리면서 준비하는 삶을 살았습니다.

안나도 마찬가지였습니다. 그녀는 결혼한 후 7년 동안 남편과 살다가 과부가 되어 84세가 되도록 혼자 살았습니다. 안나는 메시아를 막연히 기다리며 자기 마음대로 살지 않았습니다. 안나는 메시아가 임재하시는 곳인 성전에서 기다렸습니다. 즉 자기 삶의 자리를 성전에 두었습니다. 그리고 주야로 금식했습니다. 금식은 생명을 거는 기도입니다. '여기에 내 삶의 목적이 있다'고 생각되는 그 일을 목적으로 하는 기도입니다. 안나가 기도한 목적은 '메시아를 기다리는 것'이었습니다.

예수님은 마태복음 25장에서 천국 비유를 말씀하시면서 슬기로운 다섯 처녀와 미련한 다섯 처녀에 대해 이야기하셨습니다. 두 부류의 공통점은 신랑을 맞이하기 위해 등불을 켜고 기다리고 있었다는 것입니다. 그러나 성경은 둘의 차이점에 더 많은 관심을 둡니다. 그것은 바로 신랑이 더디 올 때를 대비해 기름을 준비했느냐, 준비하지 않았느냐는 것입니다. 이를 기준으로 슬기로운 처녀들과 미련한 처녀들로 나뉩니다.

결국 슬기로운 처녀들은 신랑을 맞이할 수 있었지만, 미련한 처녀들은 신랑을 만날 수 없었습니다. 무엇의 차이였습니까? 준비의 차이입니다. 준비하지 못한 인생은 기회가 와도 놓쳐 버리고 맙니다. 신랑이 자기에게 와도 신랑을 맞이할 자격이 없다는 의미입니다.

시므온과 안나가 아기 예수님이 성전에 오셨을 때 그분이 메시아이신 줄 어떻게 알아볼 수 있었을까요? 기대하고 기다리며 경건한 삶을 살지 않았다면 예수님이 오셨어도 그분이 메시아이신 줄 알아볼 수가 없었을 것입니다. 그러나 기다리는 사람의 눈에는 보이게 되어 있습니다. 준비하는 사람에게는 맞이할 수 있는 시간이 옵니다. 기다리지 않는 사람에게는 보이지 않습니다. 준비하지 않는 사람에게는 기회가 오지 않습니다. 그러니 준비하는 삶이 얼마나 중요한지 모릅니다.

하나님이 모세를 어떻게 준비시키셨습니까? 바로의 왕궁

에서 살 자격이 없는 사람을 왕궁에서 40년을 보내게 하셨습니다. 또한 광야에서도 40년을 지내게 하셨습니다. 왕궁에서 왕의 리더십을 배우게 하시고, 광야에서 광야의 지리를 터득하고 아무 힘이 없는 양들을 치는 훈련을 받게 하신 후 마침내 부르셨습니다.

이 과정을 거쳤기에 모세는 나이 80세에 이스라엘 백성을 애굽에서 인도하여 광야 길을 거쳐 가나안 땅으로 이끄는 지도자로 하나님께 쓰임 받을 수 있었습니다. 만약 왕의 리더십 훈련을 받지 않았더라면, 광야를 통해 교만과 오만함을 내려놓지 않았더라면, 광야의 지리와 양 떼의 속성을 몰랐다면 모세는 이스라엘 백성을 인도할 수 없었을 것입니다. 하나님은 하나님이 쓰시는 사람을 반드시 준비시켜 가신다는 사실을 알게 됩니다.

비록 내 삶이 지금 인생의 감옥에 있다 할지라도, '나는 아무것도 할 수 없다'며 낙담한 채 가만히 주저앉아 있을 수 있습니까. 정말 멋진 인생을 살아야겠다고 생각한다면 그 바람을 위해 지금 무엇을 준비하고 있습니까? 누구 때문에, 무엇을 준비하고 있습니까? 우리는 하나님의 말씀 앞에서 자기를 살피며, 자기 마음을 경건하게 다스려 나가고 하나님의 마음으로 채워 나가는 훈련을 해야 합니다.

우리는 직업이 무엇이든, 우리의 상태가 어떠하든 그리스도인입니다. 그리스도인이라는 정체성이 가장 우선순위입니다. '나는 하나님의 자녀다'라는 사실을 기억하고, 하나님의 자녀 된 모습으로 바로 살기 위해서 하나님의 인도하심을 구하며 준비하는 인생을 살아갑시다.

〉 메시아를 증거하는 삶

셋째, 메시아를 기다리면서 메시아를 증거하는 삶을 살아야 합니다.

시므온은 성전에서 아기 예수님을 만났을 때 이렇게 증거했습니다. "내 눈이 주의 구원을 보았사오니 이는 만민 앞에 예비하신 것이요 이방을 비추는 빛이요 주의 백성 이스라엘의 영광이니이다"(눅 21:30-32). 또한 안나는 어떻게 했습니까? "마침 이때에 나아와서 하나님께 감사하고 예루살렘의 속량을 바라는 모든 사람에게 그에 대하여 말하니라"(눅 21:38). 메시아의 오심을 기다리고 준비한 사람들, 예루살렘의 속량을 기다리는 모든 사람에게 그들을 찾아오신 예수 그리스도의 메시아 되심을 증거했습니다. 절망 가운데 있는 사람들에게 "우리에게는 참 소망이 있다"고 증거하며 살았습니다.

초대 교회 성도들의 삶을 떠올려 봅시다. 그들은 인간의 방법과 힘이 중요시되던 로마 시대에 그 힘보다 더 강한 자는 기도하는 사람이요, 그리스도의 종임을 믿었습니다. 자기 자신을 예수님이 원하시고 기뻐하시는 삶을 사는 사람으로, 그리스도 안에서 맺어진 형제자매를 귀히 여기고 그들과 더불어 살아가는 사람으로, 비록 사자의 밥이 될지라도 절망이라는 표현이 아닌 희망이라는 단어를 품고 사는 사람으로, 세상 사람들이 느끼는 영혼의 갈증에 대하여 해답을 갖고 있는 사람으로 여겼습니다. 이처럼 매력적인 삶을 살아가는 그들이 곧 메시아를 증거하는 사람들이었습니다.

그들은 존재 자체로 예수님의 살아 계심을 증거했습니다. 그렇기에 120명으로 시작된 교회가 불과 약 400년 만에 3,300만 명이 넘는 인원으로 급성장할 수 있었던 것입니다. 바로 그 증인들이 있었기 때문입니다.

성경 다음으로 가장 많이 읽힌 책이 존 번연(John Bunyan)의 《천로역정》입니다. 존 번연이 이토록 놀라운 글을 쓸 수 있었고 위대한 그리스도인으로 살아갈 수 있었던 이유는 바로 예수 그리스도가 자기를 구속해 주신 구원자라는 사실을 확신했기 때문입니다. 그는 자기의 사명은 예수 그리스도를 증거하는 것이라고 생각했습니다.

영국은 국교를 믿고 전하지 않는다는 이유로 존 번연을 투옥했습니다. 하지만 그는 12년 동안 감옥에 있으면서도 예수님을 증거해야 한다는 소명을 잃지 않았습니다. 감옥에서는 아무것도 할 수 없었고, 누구도 만날 수가 없었습니다. 그래서 감옥에서 글을 쓰기 시작했습니다. 그 글이 바로 《천로역정》입니다. 아무것도 할 수 없다고 여겨질 감옥에서 예수 그리스도의 구세주 되심을 증거하는 책을 쓴 것입니다.

여기서 한 가지 질문이 있습니다. 우리가 예수 그리스도를 증거하기 위해서 갖추어야만 하는 무엇인가가 따로 있을까요? 우리가 갖고 있는 그 어떤 상황이든 예수 그리스도를 증거할 재료가 됩니다.

존 번연이 이처럼 믿음과 신앙을 지킬 수 있었던 이유가 있습니다. 그에게는 늘 자기를 삼키지 않도록 경계하는 죄가 있었습니다. 첫째는 믿지 않으려고 하는 것이고, 둘째는 주님의 사랑을 잊어버리는 것, 셋째는 율법적이 되는 것, 넷째는 기도가 식는 것, 다섯째는 기도한 내용을 잊어버리는 것, 여섯째는 낭비하는 것, 일곱째는 선한 행위 안에 악이 내재되어 있는 것 등이었습니다.

이처럼 존 번연은 자기도 모르는 사이에 하나님과 멀어질 수밖에 없는 삶을 늘 경계하며 살았습니다. 그리고 자기 의식 속에서 '나는 나를 구속해 주신 주님을 증거하는 인생을 살겠다'고 결심했기에, 감옥이라는 가장 어둡고 아무것도 할 수 없는 곳에서 가장 크고 놀라운 일을 해 낼 수 있었습니다.

어쩌면 우리 역시 삶에서 인생의 감옥을 만나 피곤하고 지친 일상을 살아갈 수 있습니다. '나는 주님을 증거하기 위해서 할 수 있는 일이 아무것도 없다'고 생각할 수도 있을 것입니다. 그렇지 않습니다. 고난을 믿음으로 이겨 내는 삶 자체가 그리스도를 증거하는 자의 삶입니다. 그리고 힘들고 어려운 세상 속에서 참 소망을 붙들고 살아가는 삶 자체가 바로 이 땅을 통치하시고 우리 삶의 주인 되신 주님을 증거하는 일입니다. 하나님이 나에게 주신 내 삶의 방식을 통해서 예수 그리스도를 전하는 것이 바로 '다시 오실 주님을 예비하며 기다리는 구원받은 백성이 살아야 하는 삶'이라는 사실을 세상 사람들에게 알려 주는 것입니다.

'어떻게 살아야 될 것인가?'를 고민하는 우리 모두는 예수님을 만나야 합니다. 주님을 맞이할 준비를 해야 합니다. 세상을 따라가면 편하지만, 세상과 다르게 살아가는 길은 외롭고 힘듭니다. 그러나 믿음으로 사는 삶의 모습이 증거될 때 우리의 삶이 곧 메시아를 증거하며 다시 오실 주님을 전하는 복된 길이 될 것입니다.

진정 보람 있게 사는 복된 인생이란 무엇일까요?
그것은 바로 우리를 창조하시고 구원하신
예수 그리스도를 만나는 삶입니다.
우리는 다시 오실 주님을 기다리는 믿음을 가지고
살아가야 합니다.

희망을
찾는
그대에게

요한복음 5:1-9

성지 순례를 가 보면 예루살렘 성안으로 들어가는 문이 여러 개가 있습니다. 그런데 특별히 북동쪽에 나 있는 문을 '양의 문'이라고 부릅니다. 제사를 드릴 양이 그 문으로 들어가기 때문입니다. 양의 문을 통과해 들어가면 호수가 있는데, 그 호수가 '자비의 집'이라고 불리는 베데스다 연못이며 그 주변에는 행각 다섯이 놓여 있습니다.

여기에는 특별한 전설이 있습니다. 천사가 내려와서 물을 움직일 때 제일 먼저 뛰어드는 사람은 어떤 병이든지 다 낫는다는 전설입니다. 따라서 불치병 환자들이 연못가에 모여서 그 순간만을 기다리고 있었습니다. 어쩌면 베데스다 연못가에서 하염없이 기다리고 있는 사람들은 희망을 갖고는 있지만 사실 희망이 없는 사람들이었습니다.

그들은 양의 문으로 들어가는 양들의 모습을 볼 때 어떤 생각이 들었을까요? '저 문으로 들어가면 죽을 텐데' 하지 않았을까요? 어쩌면 그 양들을 보며 베데스다 연못가에서 죽어 가는 자신들의 모습을 떠올렸는지도 모르겠습니다. 그러나 아이러니하게도, 양이 죽음과 동시에 사람이 살아나는 놀라운 역사가 일어나는 곳이 바로 양의 문이었습니다.

요한복음 5장에서 예수님은 유대인의 명절에 베데스다 연못을 찾으셨습니다. 명절에 갈 수 있는 수많은 장소 중에 주님은 사람들이 가장 돌아보지 않고 관심조차 두지 않는 절망의 자리인 베데스다 연못가를 방문하셨습니다. 그리고 그중에서도 가장 절망적으로 보이는 38년 된 병자에게 다가가셨으며, 그의 병을 치유해 주셨습니다.

38년 된 병자는 절망적인 장소인 베데스다 연못 못지않게 절망적인 인생 그 자체를 상징적으로 보여 주는 인물입니다. 주님이 바로 그 사람을 대상으로 치유 사역을 베푸심으로 우리에게 전하고자 하시는 메시지가 있습니다.

살면서 이런 마음을 가져 본 적 없습니까? '내 인생에는 정말 기적이 없을까? 내게 새로운 삶을 시작할 기회는 과연 존재하지 않는 것일까?' 아마 이런 질문을 한 번쯤은 해 보았을 것입니다. '38년 된 병자에게 일어난 기적이 오늘 내 인생에도 필요하다. 이 기적이 내 삶에서 일어나게 하려면 어떻게 해야 할까?' 이 생각을 가져 본 적이 있다면 이 장 본문에 주목해야 합니다. 하나님의 말씀을 따라가면서 우리에게 기적

을 일으키시고 우리의 삶을 바꾸시는 주님을 만날 수 있기를
바랍니다.

〉 주님이 내 삶에 오신 기적

첫째, 예수님을 내 삶에 초청할 때 기적이 시작됩니다.

사람들은 이름난 명소와 아름다운 장소는 저절로 찾아가
지만, 아무도 관심을 갖지 않을뿐더러 온통 절망과 어두움만
가득한 곳은 쳐다보지도 않습니다. 명절에는 더더욱 그렇습
니다. 그러나 우리 주님은 명절에 모든 사람이 찾는 성전보다
고통과 절망으로 소외된 인생들이 모여 있는 베데스다 연못
가를 찾아가셨습니다.

베데스다 연못가에 모인 사람들은 어떤 사람들입니까? 그
들은 한편으로 희망을 기대하는 사람들이지만, 다른 한편으
로는 매일매일 절망을 마주하는 사람들이기도 합니다. 그곳
의 상황에 대해 본문 3절은 "그 안에 많은 병자, 맹인, 다리 저
는 사람, 혈기 마른 사람들이 누워 [물의 움직임을 기다리니]"
라고 표현합니다. 베데스다 연못가는 희망의 장소이지만, 동
시에 절망적인 사람들이 모여서 천사가 와서 물을 움직이게
할 때를 알지 못한 채 기약 없이 기다리는 장소라는 것을 알
수 있습니다. '연못 물이 움직이면 나는 회복될 수 있다'는 희

망이 그들의 마음속을 지배했고, 그들은 그 희망 때문에 연못가를 떠나지 못한 채 그곳에 모여 하루하루를 근근이 살아가고 있었던 것입니다.

기적의 종류를 굳이 나누자면, 두 가지로 구분할 수 있을 것입니다. 먼저, 절망이 희망이 되는 것입니다. 예를 들어, 사업을 하다가 자금이 없어서 부도 위기에 놓였습니다. "이제 다 끝났다!" 하며 절망하는 순간, 부족했던 자금이 놀라운 방법으로 충족되었습니다. 그러면 그 절망은 더 이상 절망이 아니라 희망이 됩니다. 그러다 회사가 정상 운영되면 절망은 자취를 감춥니다. 이것은 기적입니다. 중병에 걸린 사람이 병이 회복되어 평범한 삶을 살게 되는 것도 깜짝 놀랄 만한 기적입니다.

또한 불가능이 가능해지는 기적입니다. 아무리 노력해도 해결이 불가능한 것이 바로 우리 죄의 문제입니다. 죄의 문제가 우리에게 중요한 까닭은 죄가 모든 질병과 고통의 시작이기 때문이며, 죄의 마지막이 심판과 멸망, 영원한 형벌이기 때문입니다. 그러므로 죄의 문제는 반드시 풀어야 합니다.

사람들은 죄 문제를 해결하기 위해 나름대로 최선을 다합니다. 하지만 인간의 죄 문제는 절대 해결되지 않습니다. 죄를 갖고 있는 한 우리는 질병과 고통과 아픔과 수고와 슬픔뿐인 인생을 살다가 죽을 뿐 아니라, 죽은 다음에는 심판을 당하고 영원한 형벌을 받습니다. 아무리 벗어나고자 몸부림쳐도 누구에게나 마찬가지로 다가오는 운명의 순간입니다. 이것을 바꾸기란 불가능합니다.

그런데 놀랍게도, 하나님의 은혜로 바뀌었습니다. 그 일은 나에게서 비롯한 것이 아닙니다. 바로 하나님이 독생자를 이 땅에 보내시고, 그분이 십자가에 못 박혀 우리의 죄를 씻어 주심으로 우리를 저주와 죄의 지배에서 구원해 주셨습니다. 불가능한 일이 가능해졌습니다. 하나님의 역사로 말미암아 영원히 멸망할 존재인 우리가 구원받은 하나님의 백성이 되는 놀라운 기적이 일어났습니다.

요한복음은 이렇게 말합니다. "하나님이 세상을 이처럼 사랑하사 독생자를 주셨으니 이는 그를 믿는 자마다 멸망하지 않고 영생을 얻게 하려 하심이라 하나님이 그 아들을 세상에 보내신 것은 세상을 심판하려 하심이 아니요 그로 말미암아 세상이 구원을 받게 하려 하심이라"(요 3:16-17). 절대 불가능한 일이 하나님이 역사하시어 예수 그리스도가 이 땅에 오심으로 이루어지게 된 것입니다. 이 땅에 참 소망이 생겼습니다. 하나님이 우리에게 구원의 길, 생명의 길을 열어 주셨습니다.

베데스다 연못가에 모여 있던 사람들처럼 희망 없이 사는 세상에 주님은 오셨습니다. 주님이 38년 된 병자를 고쳐 주심으로 그 병자가 일어나는 기적이 일어난 것처럼, 불가능한 일이 우리 인생 가운데 일어났습니다. 하나님이 우리를 죄에서 구원해 주셨습니다.

그리고 성경은 예수님이 이 땅에 오심으로 하나님 나라가 이루어졌다고 말합니다. 사탄의 지배를 받던 우리가 이제는 그 지배에서 놓임을 받고, 죄 사함을 받아 하나님이 통치하시는 의와 평강과 희락의 나라에 들어가게 된 것입니다. 이제 우리는 하나님의 통치를 받는 하나님 나라의 백성이 되었습니다. 완전한 하나님 나라는 아직 오지 않았지만, 주님이 오심으로 이루어진 그 기적이 우리의 삶 속에 이루어졌습니다.

〉 주님을 만난 기적

둘째, 예수 그리스도를 만날 때 기적이 이루어집니다.

예수님은 베데스다 연못가에 모인 병자들 중에서 가장 절망적인 한 사람에게 다가가셨습니다. 38년 동안이나 질병에 시달려 매일 죽어 가는 자 앞에 서셨습니다. 예수님은 그가 누운 곳을 보시고 이 병이 벌써 오래된 줄 아시고 "네가 낫고자 하느냐"(요 5:6)라고 질문하셨습니다.

주님은 그가 누운 곳을 보셨고, 병이 오래된 줄 아셨습니다. 그가 38년 동안 질병을 앓고 살아오면서 겪었던 수많은 사연과 아픔과 고통을 주님이 보셨고, 또한 아셨다는 의미입니다. 그리고 "네가 낫고자 하느냐"라고 하신 말씀은 그의 마음속에 있는 생각을 끄집어내고자 하신 질문입니다. 그로써 예수님은 그의 생각을 바꾸셨습니다.

지금까지 그가 세상을 보는 관점은 베데스다 연못가에서 거짓 희망을 기대하면서 매일 고통 속에 죽어 가는 사람들을 바라보며 형성된 세상의 가치관이었습니다. 그 가치관과 세계관 속에는 희망이라는 것이 있을 수 없었습니다. 따라서 주님은 "그것이 아니다. 네가 낫기 원하는 소망이 네 속에 있느냐?"라고 질문하심으로 그에게 익숙해진 관점을 다시 일깨워 주신 것입니다.

예수님이 질문하신 후 그는 두 가지로 대답했습니다. "병자가 대답하되 주여 물이 움직일 때에 나를 못에 넣어 주는 사람이 없어 내가 가는 동안에 다른 사람이 먼저 내려가나이다"(요 5:7).

첫째로, 물이 움직일 때 자신을 연못에 넣어 주는 사람이 없다고 했습니다. 그는 물이 움직이는 연못에 자신의 희망이 있다고 철석같이 믿었고, 한편 자신은 그 연못에 들어갈 수 없으니 구원받을 수 없다는 절망감에 빠져 있었습니다.

둘째로, 그의 말은 헬라어 원문에 의하면, '나는 한 사람이 없다'는 뜻입니다. 즉 "나는 절박한 순간에 나를 도와주고, 나와 함께해 주고, 나를 위로해 줄 단 한 사람이 없는 외로운 사람입니다"라고 하소연한 것입니다.

그는 이렇게 자신의 이야기를 예수님께 내어놓았습니다. 이것이 38년 동안 질병을 앓으면서 그에게 형성된 그의 마음속 이야기입니다.

그런데 본문을 보면 예수님이 38년 된 병자를 찾아오신 이유가 있었습니다. 앞서 언급했듯이, 예수님은 그가 어떤 사람인지 보셨고 아셨습니다. 그리고 어느 누구도 해 줄 수 없는 말씀을 해 주셨습니다. "네가 낫고자 하느냐."

예수님은 명절에 가장 절망적인 사람을 찾으셨습니다. 그가 안고 있는 문제에 대해서 침묵으로 공감하셨습니다. 주님은 "진정한 치료의 근원은 연못에 있는 것이 아니라, 바로 네 앞에 서 있는 나에게 있다"고 말씀하신 것입니다. 뿐만 아니라 "너는 너를 도와주는 사람이 아무도 없다고 하는구나. 그러나 너를 결코 포기하지 않는 한 사람, 바로 내가 네 앞에 서 있단다"라고 말씀하시며 그가 결코 혼자가 아님을 일깨워 주셨습니다. 예수님은 풍랑 이는 바다에서 두려워 떠는 제자들에게 "내니 두려워하지 말라"(막 6:50) 하신 것처럼, "내가 곧 길이요 진리요 생명이니"(요 14:6)라는 말씀을 그에게 전해 주신 것입니다.

38년 된 병자의 인생관은 아픔 속에서 만들어졌기에 결코 시야가 넓지 않았습니다. 게다가 그는 생각 자체가 병들어 있었습니다. 그러나 주님을 만나자 관점이 바뀌었습니다. 그가 변화된 관점으로 예수 그리스도를 바라볼 때 주님이 그를 치료해 주셨습니다.

예수님은 요한복음 15장 16절에서 "너희가 나를 택한 것이 아니요 내가 너희를 택하여 세웠나니"라고 말씀하셨습니다. 주님은 내가 가장 절망적인 순간 나를 찾아오셨습니다. 나에게 공로가 있어서가 아니라 전적인 은혜입니다. 주님이 나에게 오셨습니다. 내 앞에 서셨습니다. "너의 구원은 나에게 있다"고 말씀하셨습니다.

이 같은 주님의 사랑이 우리 속에 있지 않습니까. 어떤 순간에도 고아와 과부처럼 나를 버려두지 않으시고 외롭게 하지 않으시는 주님의 사랑이 지금 나에게 있다면 우리가 왜 절망하고 좌절합니까. 그 주님 앞에 우리의 마음을 열고, 그 주님을 다시 만나야 합니다. 내 앞에 서 계신 주님께 이렇게 고백해야 합니다. "맞습니다! 주님, 내 인생에 대한 해답은 연못이 아니라 예수님이십니다. 나를 결단코 포기하지 않으시는 구세주 주님이 계시기에 내 인생은 더 이상 외롭지 않습니다." 이 고백을 드리며 주님을 만날 때 그 자리에서 기적이 일어납니다.

〉 믿음으로 행할 때 오는 기적

셋째, 믿지만 말고 행동할 때 기적이 일어납니다.

성경에서 가장 강조하는 것은 순종입니다. 로마서에 의하면, 인간은 불순종함으로 타락하여 불행해졌고, 순종함으로 회복되었습니다. 주님은 이 땅에 계실 때 표적을 보여 주시면서 불신의 시대를 살아가는 사람들에게 계속해서 순종을 강조하셨습니다.

세상은 불순종을 가르칩니다. 자기 자신의 가치가 얼마나 소중한지를 알려 줍니다. 물론 세상의 가르침을 통해 건강한 거절법과 분별력을 배울 수 있습니다. 다만, 세상이 가르치는 불순종은 반역과 부정과 정욕을 불러일으킨다는 것이 문제입니다. 동시에 불순종에 익숙해지면 진정 순종해야 하는 하나님의 말씀에도 동일하게 쉽게 불순종하는 자세를 취하게 됩니다.

38년 된 병자를 총체적으로 병들게 만든 것이 무엇입니까? 오랫동안 병에 시달린 삶과 그간 경험했던 외로움과 소외감과 고통 아닙니까? 그런 그의 가치관과 세계관은 심하게 왜곡되어 있었습니다. 그러나 주님의 말씀이 들어가자 달라졌습니다. 관점이 바뀌고 자기 자신을 내려놓자 새로운 길이 보이기 시작했습니다. 그래서 순종은 '주 앞에 내려놓음' 혹은 '나를 버리고 주와 동행함'이라는 표현으로 많이 해석됩니다.

이제 주님이 말씀하십니다. "일어나 네 자리를 들고 걸어 가라"(요 5:8). 예수님의 말씀은 능력이 있습니다. 주님이 말 씀하실 때 병자는 자신이 지금까지 알고 있던 것, 믿고 있던 것을 다 내려놓고 주님의 말씀에 온전히 순종했습니다. 그 때 그는 자기가 일어날 수 있을 것이라고 생각이나 했을까 요? 38년 동안이나 누워 있었는데 그 순간 병이 깨끗이 나으 리라고 상상이나 할 수 있었을까요? 치유란 증상이 없어지는 것을 말하지 않습니다. 근원이 변화되는 것이 진정한 치유입 니다. 예수님이 증상뿐 아니라 근원까지 변화하도록 역사하 신 것입니다.

여기서 예수님이 먼저 "일어나"라고 하신 말씀은 38년 동 안 한 번도 일어나지 못한 불가능을 가능하게 하시는 하나님 의 능력을 믿는 믿음을 가지고 순종하라는 뜻입니다. 자기 힘 으로, 심지어 누군가 도와주어도 할 수 없었던 일이고, 지금까 지 일어난 적도 없었지만 "일어나라"는 예수님의 말씀에 순종 하라는 의미입니다. 이에 그는 즉각 순종했습니다.

"자리를 들라"라는 말씀에서 '자리'는 그의 삶의 자리를 의 미할 수 있습니다. 자신은 연못이 움직일 때 아무도 넣어 줄 사람이 없는 불행하고 외로운 사람이며 그냥 이렇게 살다가 죽어 가는 인생이라고 생각했던 그 자리 말입니다. 그 삶의 자 리가 내 인생의 자리라고 여겼던 생각을 들고 일어나라는 의미입니다. 그동안 의지하고 신뢰했던 것을 던져 버리고, 불신과 낙심의 자리에서 벗어나라는 뜻입니다.

또한 "걸어가라"라는 말씀은 행동하라는 뜻입니다. 순종은 행동으로 나타납니다. 자신이 살고 있던 고통과 두려움과 불신의 자리를 떠나 생명과 소망의 자리로 나가라는 의미입니다. 믿음이라는 것은 누군가가 나를 떠밀어서 저쪽 원하는 곳으로 데려다주는 것이 아닙니다. 내가 하나님의 말씀을 듣고, 내가 하나님의 말씀을 의지하며, 내가 하나님의 말씀이 가르치는 방향으로 하나님의 말씀을 따라 한 걸음, 한 걸음 옮길 때 믿음의 역사가 나타납니다. 성경은 삶을 통해 나타나지 않는 믿음은 온전한 믿음이 아니라고 말합니다.

38년 된 병자가 치유된 후 예수님은 그 사람을 성전에서 다시 만나셨습니다. 그때 예수님은 그에게 "보라 네가 나았으니 더 심한 것이 생기지 않게 다시는 죄를 범하지 말라"(요 5:14)고 부탁하셨습니다. 물론 모든 병이 죄 때문에 생기는 것은 아닙니다. 예수님의 말씀은 세상의 뜻대로 살고 내 마음대로 살면 몸과 영혼이 병들어서 죽을 수밖에 없으니 죄를 범하지 말라고 하신 것입니다.

온전한 구원을 주신 주님은 병들고 죽을 죄를 짓지 말라고 오늘 우리에게도 동일하게 말씀하십니다. 살다 보면 이전처럼 살라는 유혹이 내 삶 속에 밀려옵니다. 그럼에도 그 유혹을 물리치고 하나님의 말씀대로 살아갈 때 그 길이 생명의 길이요, 소망의 길이요, 다시금 일어나는 새로운 시작의 길이 된다고 주님은 우리에게 말씀하십니다.

～

내 삶에도 기적이 일어날 수 있을까요? 내 인생이 정말 달라질 수 있을까요? 예수님은 분명히 말씀하십니다. "네 삶에도 기적이 일어날 수 있다!" 이것은 하나님의 말씀입니다. 이미 우리는 기적을 체험했습니다. 바로 불가능했던 우리의 구원의 문제를 예수 그리스도가 친히 우리를 찾아오셔서 해결해 주셨습니다. 그 예수님을 만나지 않았다면 우리는 하나님을 예배드리는 자리에 있을 수가 없습니다. 죽을 영혼이 구원받은 하나님의 백성이 되었다는 사실 자체가 기적이 아니고 무엇이겠습니까. 이제 우리가 할 수 있는 일은 주님의 말씀을 지속적으로 믿고, 지속적으로 순종하기로 결단하는 것입니다.

"네가 낫기를 원하느냐? 너희 가정이 회복되기를 원하느냐? 이 나라가 다시 살아나기를 원하느냐?" 주님이 질문하실 때 무엇이라고 대답하겠습니까? 이 질문에 믿음의 고백을 드리고 주님의 말씀을 따라 한 걸음, 한 걸음 걸어갈 때 우리에게 기적이 일어날 것입니다.

종교개혁자들은 가장 암담했던 시절, 어두운 현실을 이겨 나갈 수 있는 방법은 무엇일까 고민하다 이렇게 선포했습니다. "오직 믿음, 오직 성경, 오직 은혜, 오직 그리스도, 오직 하나님께 영광." 바로 이것만이 삶과 현실을 바꾸는 하나님의 은혜라고 고백했습니다.

우리에게 기적은 이미 일어났습니다. 이제 하나님의 기적을 지속적으로 체험함으로, 38년 된 병자가 누워 있던 베데스다 연못가와 같은 이 세상에 살면서 그 기적을 증거하는 하나님의 사람이 됩시다.

열한 번째 시간

십자가가
소망인
이유

고린도전서 1:18-24

아무리 크고 놀라운 사건이어도 나와 상관이 없는 일이라고 생각하면 그 사건은 우리의 삶에 아무 영향을 주지 못합니다. 또한 나에게 중요한 일이어도 그것이 얼마나 중요한 일인지를 깨닫지 못하면 그 일 역시 내 생각과 말과 행동에 어떤 영향력도 끼치지 않습니다.

그리스도인에게 세상에서 가장 소중한 일은 예수님을 믿는 것입니다. 이 일은 십자가를 떠나서는 생각할 수 없습니다. 십자가는 기독교의 핵심이자 나의 구원이 이루어진 사건이기 때문입니다. 십자가는 내 생명의 길이 열린 사건입니다.

그래서 사도 바울은 고린도전서 1장 18절에서 "십자가의 도가 멸망하는 자들에게는 미련한 것이요 구원을 받는 우리에게는 하나님의 능력이라"라고 말했습니다. 달리 말하면, 십자가의 가치를 알고 그 소중함을 인식한 사람들에게는 십자가야말로 가장 고귀한 것이라는 의미입니다. 그러면서 그는

유대인은 표적을 구하고 헬라인은 지혜를 찾지만, 그리스도
인인 우리에게는 삶을 바꾼 십자가가 가장 소중하며, 그래서
자신은 일평생 십자가를 증거하며 살다 죽으리라고 고백했
습니다.

십자가가 나와 어떤 관계가 있는지를 잘 알지 못하면 십
자가를 예사로 볼 수 있습니다. 하지만 십자가에 담긴 하나님
의 마음을 알게 되면 하나님이 십자가를 통해 우리에게 주시
는 그분의 지혜와 능력을 지금 받을 수 있습니다. 그렇다면
십자가에 나타난 우리를 향한 하나님의 마음은 무엇일까요?

⟩ 우리의 고통에 공감하시는 하나님의 마음

첫째, 십자가는 우리의 고통을 공감하시는 하나님의 마음입
니다.

히브리서 기자는 "우리에게 있는 대제사장은 우리의 연약
함을 동정하지 못하실 이가 아니요 모든 일에 우리와 똑같이
시험을 받으신 이로되 죄는 없으시니라"(히 4:15)라고 말했습
니다. 예수님이 달리신 십자가는 그 자체가 고통이었습니다.
누구를 위한 고통이었습니까? 우리를 사랑하시는 주님의 고
통이고, 우리 때문에 겪으신 고통입니다. 이 말씀은 우리가
인생을 살아가며 얼마나 수고하고 애쓰는지를 하나님이 다

알고 계신다는 의미입니다.

그렇다면 주님이 받으신 십자가의 고통은 구체적으로 무엇이었습니까? 먼저, 육체적인 고통이었습니다. 인간이 느낄 수 있는 가장 큰 고통과 아픔을 가하는 형벌이 바로 십자가형이었습니다. 또한 주님의 고통은 정신적인 고통이었습니다. 사랑하는 제자에 의해서 팔린 것은 물론, 예수님과 함께하겠다고 했던 제자들이 도망하는 모습을 보시며 아마 주님은 극도의 외로움을 느끼셨을 것입니다. 고통당하시는 예수님을 향한 조롱과 모욕은 또 어떻습니까. 인간으로서는 도무지 견딜 수 없는 정신적인 고통이었습니다. 아울러 주님의 고통은 하나님과 단절된 영적인 고통과 외로움이었습니다. 이처럼 십자가는 하나님께 버림받은 영적인 고독과 단절이 가져다준 정신적인 고통과 육체적인 아픔의 집합체였습니다.

저는 고통을 당할 때 하나님에 대해서 이렇게 생각했습니다. '하나님은 신이시니까 내가 얼마나 아픈지 모르실 거야. 내 마음이 얼마나 무너져 내리는지 모르시겠지.' 그런데 어느 날 주님이 다가오셔서 바로 십자가를 통해 "내가 너의 고통을 다 안다"고 말씀해 주셨습니다.

이사야 선지자는 예수님의 고통에 대해서 이렇게 표현했습니다. "그는 실로 우리의 질고를 지고 우리의 슬픔을 당하였거늘 우리는 생각하기를 그는 징벌을 받아 하나님께 맞으며 고난을 당한다 하였노라 그가 찔림은 우리의 허물 때문이요 그가 상함은 우리의 죄악 때문이라 그가 징계를 받으므로 우리는 평화를 누리고 그가 채찍에 맞으므로 우리는 나음을 받았도다"(사 53:4-5). 우리에게 주어진 고통과 질병과 두려움을 주님이 나를 대신해서 다 받으신 것입니다.

《고통은 헛되지 않아요》(두란노, 2019)의 저자 엘리자베스 엘리엇(Elisabeth Eliot)은 짐 엘리엇(Jim Eliot) 선교사의 아내입니다. 그녀의 남편은 결혼한 지 27개월 만에 에콰도르에 선교하러 갔다가 식인종에게 죽임을 당했습니다. 이 일로 고국으로 온 엘리엇은 다시 10개월 된 아이를 데리고 남편이 순교한 그 선교지, 그 부족에게로 돌아갔습니다. 그곳에서 16년 동안 온갖 고생과 고통을 겪으며 복음을 전했고, 마침내 그곳 사람들을 복음화한 후 미국으로 돌아왔습니다.

엘리엇은 삶에서 이해할 수 없는 일들이 일어나 힘든 상황에서 그녀를 사랑하고 이해해 주는 한 신학자를 만나 삶의 안식처로 삼았습니다. 그러나 그는 불과 2년이 지나지 않아 암으로 세상을 떠났습니다. 엘리엇은 하나님을 향한 열정과 열심을 가지고 살았지만 삶은 고통과 아픔의 연속이었습니다.

이처럼 이해할 수 없는 삶의 고통에 대해서 그녀는 이렇게 고백했습니다. "하나님, 지금 당신이 행하시는 일을 이해할 수 없습니다. 그러나 마침내 나는 주님을 받아들이겠습니다." 왜냐하면 하나님이 "나를 믿으라" 하셨고, "나와 함께 걷자"고 말씀하셨기 때문입니다. 그리고 십자가에서 고통당하시는 주님이 "나도 너와 같은 고통을 당했다"고 말씀하셨기에, 십자가 앞에서 비로소 고통을 수용하는 것을 넘어서 고통에 감사할 수 있었다고 고백했습니다.

엘리엇은 이후 힘들고 어려운 순간이 올 때마다 십자가를 바라보면서 일평생 믿음으로 걸었고, 삶에 더 이상 의욕이 없을 때면 나를 아시고, 나에게 지금도 말씀하시고, 나를 붙드시는 십자가의 주님을 바라보며 자신에게 주어진 삶을 살았노라고 고백했습니다.

산다는 것이 얼마나 힘든지, 살수록 더 느낄 것입니다. 모세의 고백처럼, 수고와 슬픔뿐인 인생이라는 데도 동의하게 될 것입니다(시 90:10). 살아갈수록 인생의 짐이 얼마나 무겁고 힘겨운지요. 그런데 우리는 결코 혼자가 아닙니다. 우리 주님이 다 아십니다. 주님은 우리의 고통과 아픔을 이미 경험하셨고, 공감해 주십니다.

저에게도 마찬가지였습니다. 주님이 십자가로 말씀하실 때 놀라운 일들이 일어났습니다. 그것은 바로 고통을 받아들일 수 있는 마음이었습니다. 고통 때문에 주저앉지 않고 오히려 감사하며 어려움을 이겨 나갈 수 있는 용기와 힘과 지혜가 바로 십자가를 통해서 저에게 주어진 선물이었습니다.

힘들고 어려울 때 자신을 보거나 환경과 상황을 바라보지 마십시오. 너무 지치거든 주님의 십자가를 바라보기 바랍니다. 십자가에서 말씀하시는 주님의 음성을 들어야 합니다. "내가 너를 알고 있고, 이해하고 있고, 너와 함께하고 있으며, 너를 붙들고 있다." 우리의 고통을 체험하신 예수님의 음성입니다. 그때 십자가가 어려움을 이겨 나갈 수 있는 지혜가 되어 우리의 길을 내 줄 것입니다. 십자가를 바라보며 주님이 열어 주시는 그 길을 따라가기 바랍니다.

〉죄를 심판하시는 하나님의 마음

둘째, 십자가는 죄를 다루시는 하나님의 마음입니다.

십자가는 죄가 얼마나 무서운지, 그 결과가 얼마나 비참한지를 보여 줍니다. 원래 십자가는 사형 도구였습니다. 가장 큰 죄로 여겨지는 국가반역죄를 저지른 자나 도망갔다가 체포된 노예를 처형할 때 십자가형을 사용했습니다. 가혹하고 비참한 형벌이었습니다. 그래서 로마인들의 경우, 아무리 흉악한 죄를 지었어도 십자가 형벌은 지우지 못하도록 법에 명시했습니다.

우리는 죄를 죄로 알지 못하고, 죄짓는 것을 심각하게 생각하지도 않고, 죄의 결과가 얼마나 무서운가를 알지도 못합니다. 본질상 죄로 이미 타락한 존재이기 때문입니다. 그런 우리에게 주님은 십자가를 통해 죄가 얼마나 무서운지를 말씀해 주십니다.

바울은 하나님을 떠난 죄가 얼마나 무서운 죄인가를 에베소서를 통해서 설명합니다. 허물과 죄로 죽은 존재로서, 살아 있는 것 같으나 살아 있는 인간으로는 살 수 없다는 것입니다. 본질상 진노의 자녀이기에 생각하고 말하고 행동하는 것이 하나님의 진노를 받기에 합당한 것이 죄인의 삶입니다. 그리고 그 죄의 결과는 반드시 사망입니다. 게다가 죽음으로 끝나지 않고, 죽음 후에 심판을 받고 영원한 형벌 가운데 들어가게 된다는 것이 죄의 무서움입니다.

다윗이 신하 우리아의 아내 밧세바를 빼앗은 일은 사실 당시 모든 왕이 왕의 권한으로 할 수 있는 일이었습니다. 그러나 이 일이 다윗에게 큰 죄가 된 까닭은 그가 하나님의 뜻을 따르는 종이었기 때문입니다. 다윗은 나단 선지자가 와서 그 일이 얼마나 잘못된 죄인지를 지적할 때까지 죄인 줄도 모르고 죄를 먹고 마시면서 살았습니다. 그러나 죄를 깨닫자 시편 51편을 통해 그 죄가 자기에게서 무엇을 빼앗아 갔는지를 낱낱이 고백했습니다.

시편 51편에 기록된 다윗의 고백을 읽노라면 죄가 인생을 얼마나 비참하게 만드는지를 알 수 있습니다. 죄를 지으면 지혜를 잃어버려 인생의 방향 감각이 마비됩니다. 죄는 없어지지 않고 내 삶 속에 남아 구원의 기쁨과 즐거움을 빼앗아 갑니다. 구원의 즐거움을 상실하고, 주 앞에서 쫓겨나며, 하나님이 성령을 거두어 가십니다.

다윗은 죄로 인해 사명을 잃어버린 자로서 공허함이 자기 속에 가득하다는 사실을 깨달았습니다. 죄 때문에 하나님의 긍휼과 자비를 받을 수 없는 존재가 되었음을 알게 되었습니다. 죄지은 자는 예배할 수 있는 자격과 기쁨과 하나님의 은혜를 얻지 못한다고 그는 고백했습니다. 다윗은 회개했습니다.

다윗은 회개함으로 죄 용서를 받았습니다. 하지만 하나님은 그가 죄의 대가를 치르게 하셨습니다. 다윗은 자신의 죄로 말미암아 자녀들이 서로에게 범죄하고 죽이고, 자신은 아들의 반역으로 쫓겨나는 일을 겪었습니다. 하나님은 왜 죄를 용서하셨으면서도 죄에 따른 결과를 주셨을까요? 다윗에게 죄가 얼마나 무서운지를 각인시켜 주고자 하신 것입니다. 이에 노년의 다윗은 신하들이 그의 몸을 따뜻하게 하고자 아비삭이라는 여종을 붙여 주었지만 그녀와 동침하지 않았습니다. 죄가 얼마나 무서운지를 알았기 때문입니다.

우리는 십자가를 볼 때마다 죄를 분명하고 단호하게 다루시는 하나님의 마음을 알아야 합니다. 죄인에게는 하나님의 자비와 긍휼이 없습니다. 그래서 하나님은 예수 그리스도께 인간의 죄가 전가되었을 때 자신의 독생자가 가장 참혹한 십자가에서 죄의 대가를 치르게 하셨습니다.

사도 바울은 바로 이처럼 끔찍한 우리의 죄가 예수 그리스도로 말미암아 용서받았다고 선포했습니다. 우리의 죄가 십자가의 보혈로 씻음 받아 더 이상은 죄의 저주가 우리에게 있지 않다고 말했습니다. 우리가 하나님의 자녀가 되는 특권도 받았다고 했습니다. 용서받은 자의 감격과 기쁨을 노래했습니다.

일본 나라여성병원의 요이치 유사 교수 연구진이 최근 국제학술지인 〈커런트 바이올로지〉에 갯민숭달팽이에 대한 흥미로운 연구 결과를 발표했습니다. 갯민숭달팽이는 자기 몸에 기생충이 침범하면 조금도 주저하지 않고 스스로 목을 잘라 몸통을 버린다고 합니다. 그런데 놀랍게도 머리도 살고 버림받은 몸통도 삽니다. 물론 버려진 몸통은 결국 몇 달 지나지 않아 부패하지만, 머리는 다시금 자라 새 생명을 이어 갑니다.

갯민숭달팽이에 대한 연구 결과는 마태복음 5장 29-30절에서 주님이 하신 말씀을 떠올려 줍니다. "만일 네 오른 눈이 너로 실족하게 하거든 빼어 내버리라 네 백체 중 하나가 없어지고 온몸이 지옥에 던져지지 않는 것이 유익하며 또한 만일 네 오른손이 너로 실족하게 하거든 찍어 내버리라 네 백체 중 하나가 없어지고 온몸이 지옥에 던져지지 않는 것이 유익하니라." 주님은 죄가 얼마나 무서운지를 이렇게 표현하셨습니다. 작은 죄라 할지라도 죄는 우리 영혼을 집어삼키는 두려운 것이라는 사실을 명심해야 합니다.

십자가를 볼 때마다 죄의 무서움을 기억하기 바랍니다. 죄는 어떤 모양이라도 버리기를 바랍니다. 지금 죄의 짐을 지고 있다면 회개하며 주 앞에 나아가십시오. 주님은 보혈로 우리의 죄를 사해 주겠다고 약속하셨습니다.

〉 구원의 새 길을 열어 주신 하나님의 마음

셋째, 십자가는 죄인인 우리에게 구원의 길을 열어 주신 하나님의 마음입니다.

성경을 보는 다양한 시각이 있습니다. 그중에서도 성경 속에 나타난 하나님의 마음을 잘 알 수 있는 시각이 구속사적 관점입니다. 구약의 모든 사건과 인물의 예를 통해 '하나님이 타락한 인간을 어떻게 구원해 가시는가', 그 과정을 살피는 것입니다. 하나님은 구속사를 십자가에서 이루셨습니다. 그러므로 영원히 멸망당할 수밖에 없었던 우리의 새로운 길이 십자가에서 열리는 것입니다.

예수님은 "내가 곧 길이요 진리요 생명이니"(요 14:6)라고 말씀하셨습니다. 인생을 살아갈 때 길이 끊어진 듯 처절한 어려움을 겪을 때가 얼마나 많습니까. 기준이 없어서 방향을 잡지 못해 갈팡질팡할 때가 얼마나 많은지요. 그런데 예수님은 자신이 인생의 기준이요 길이며 진리라고 말씀해 주셨습니다. 뿐만 아니라 우리가 살아 있지만 생명력이 없는 삶을 살 때가 얼마나 많습니까. 그런 우리에게 예수님은 자신이 바로 우리의 생명이라고 말씀하셨습니다.

'오늘 하루를 더 살았다'라는 말은 역설적으로 '오늘 죽음에 하루 더 가까워졌다'라는 말과 통합니다. 모든 인간은 죽음을 피할 수 없습니다. 그러나 십자가는 우리에게 그 이상을 말해 줍니다. 예수 그리스도로 말미암아 죽음 너머 부활로 나아가는 길이 우리 삶 가운데 열렸다는 것입니다.

히브리서 10장 19-20절은 "그러므로 형제들아 우리가 예수의 피를 힘입어 성소에 들어갈 담력을 얻었나니 그 길은 우리를 위하여 휘장 가운데로 열어 놓으신 새로운 살길이요 휘장은 곧 그의 육체니라"라고 말합니다. 이 말씀에서 우리에게 새 길을 열어 주신 하나님의 사랑을 볼 수 있습니다. 구원의 길이 열렸습니다. 생명과 소망의 길입니다. 바로 십자가를 통해서 열렸습니다.

마태복음은 예수님이 십자가에서 운명하신 당시를 다음과 같이 증언합니다. "이에 성소 휘장이 위로부터 아래까지 찢어져 둘이 되고 땅이 진동하며 바위가 터지고"(마 27:51). 단절되었던 하나님과 우리의 관계가 회복되고, 우리가 더 이상죄의 노예가 아니라 이제 하나님의 통치를 받게 되는 새 길이 열렸음을 뜻합니다. 이제 십자가를 바라볼 때 그 십자가를 통해 내 삶이 새로워지고 새 길이 열렸음을 믿는 믿음이 임하기를 바랍니다.

"그리스도께서 약하심으로 십자가에 못 박히셨으나 하나님의 능력으로 살아 계시니 우리도 그 안에서 약하나 너희에게 대하여 하나님의 능력으로 그와 함께 살리라"(고후 13:4). 바울은 자랑할 것이 많은 사람이었습니다. 그러나 그는 그 자랑거리를 전부 배설물로 여기고, 오직 십자가만 자랑한다고 고백했습니다. 왜냐하면 그 십자가가 자기의 삶을 바꾼 십자가이기 때문입니다. 그 십자가가 자신에게 새로운 소망과 새 길을 열어 준 십자가이기 때문입니다.

예수 그리스도를 나의 구세주와 주님으로 고백하며 영접할 때 우리 인생의 기준이 달라집니다. 주인이 바뀝니다. 새로운 삶의 목표가 생깁니다. 그것은 내가 만든 길이 아니라 우리를 구속하신 예수님이 십자가에서 만들어 주신 생명의 길, 소망의 길, 진리의 길입니다.

미국 남침례신학대학교 학장을 지낸 앨리스 풀러 박사의 이야기입니다. 언젠가 그는 한 그룹을 인솔해 성지 순례를 갔습니다. 성지 여러 곳을 돌아보다가 다음 날 주님이 십자가에 못 박히셨던 골고다 언덕을 방문하기로 했습니다. 그때 함께한 사람들이 "풀러 박사님, 내일 골고다 언덕에 설 때 주님의 말씀을 우리에게 들려주십시오" 하며 부탁을 했습니다. 그가 방에 돌아와 곰곰이 생각해 보니 골고다 언덕에서 예수님의 십자가에 대해 뭐라고 설교할지 너무 부담이 되었습니다. 갑자기 말문이 막히면서 아무 일도 할 수가 없었습니다. 이래선 안 되겠다 싶었던 그는 자신이 할 수 있는 일을 했습니다. 밤을 새워 가며 마태복음에 기록된 예수님이 십자가에 못 박히시던 당시 상황을 한 절, 한 절 외웠습니다.

다음 날 새벽, 풀러 박사는 사람들과 함께 골고다 언덕으로 향했습니다. 그리고 마침내 골고다 언덕에 섰습니다. 그는 침묵 가운데 하늘을 바라보면서 입을 열었습니다. 마태복음에 기록된 십자가 사건에 관한 장면 한 절, 한 절을 읊조리기 시작했습니다. 사람들의 눈에서 눈물이 흘렀습니다. 그리고 풀러 박사는 이렇게 말했습니다. "여러분, 저기 저 십자가는 저와 여러분을 구속하신 우리 예수 그리스도의 십자가입니다."

그 후 아이작 와츠(Isaac Watts)가 지은 찬송을 불렀습니다. "주 달려 죽은 십자가 우리가 생각할 때에 … 죽으신 구주밖에는 자랑을 말게 하소서 … 못 박힌 손발 보오니 큰 자비 나타내셨네 … 온 세상 만물 가져도 주 은혜 못다 갚겠네…"(새 찬송가 149장).

힘들고 지친 인생길에서 우리가 그간 예사로 보았던 십자가가 아니라 바로 저 십자가를 바라보며 나를 알고 계신 주님을 기억하기 바랍니다. 그리고 내 삶 속에서 정말 씻을 수 없는 죄를 다루시는 하나님의 엄하심과 더불어서 예수 그리스도를 믿을 때 죄를 용서해 주시는 하나님의 사랑을 떠올리기 바랍니다. 더 나아가 우리 앞에 길이 없다고 생각하는 그 순간, 새 길을 열어 주시는 하나님이 나와 함께하심을 믿기 바랍니다. 광야에 새 길을 여시고 사막에 강을 내시는 하나님의 능력이 오늘 내 삶 가운데도 있음을 믿음으로 고백하기 바랍니다.

험한 세상, 십자가를 의지해 담대하게 승리하며 나아가는 사랑하는 주님의 백성이 되기를 기도합니다.

현실을 바꾸는
부활의
능력

고린도전서 15:12-19

종교개혁자 마르틴 루터(Martin Luther)에 대해 널리 알려진 일화 중 하나입니다. 루터는 종교 개혁을 단행하다가 거대한 교권과의 싸움에서 계속해서 밀리면서 지쳐 갔습니다. 그들의 위협이 구체적인 위험이 되기 시작하면서부터는 다 포기한 채 방 안에 주저앉아 있었습니다.

그때 루터의 아내가 상복을 입고 슬피 울면서 그의 앞을 지나가는 것입니다. 루터가 "여보, 누가 돌아가셨어요?" 하고 묻자 아내는 "하나님이 돌아가셨습니다"라고 답했습니다. 무슨 소리냐는 루터의 말에 아내는 이렇게 답했습니다. "하나님이 돌아가시지 않았다면 당신이 이렇게 낙심하고 절망할 리가 없어요." 그 순간, 루터는 "아니야! 하나님은 지금도 살아계셔. 하나님은 살아 계신단 말이야!" 하고 외치면서 그 자리를 박차고 일어나 종교 개혁을 끝까지 완수했습니다.

이후 루터는 1527년 유럽 전역에 흑사병이 확산되었을 때

끝까지 남아서 병들어 죽어 가는 이들을 돌보았습니다. 팀 켈러(Tim Keller) 목사는 루터가 그렇게 할 수 있었던 이유를 루터의 글을 인용해 설명합니다. "복음은 예수님의 죽음을 통해 우리를 죄와 사탄의 진정한 영적 역병에서 해방시켰습니다. 그래서 이제 우리는 수시로 죽음과 부활을 경건하게 묵상할 수 있습니다." 즉 루터는 주님이 주신 부활의 능력과 믿음을 묵상함으로 어려운 현실을 이겨 나갈 수 있었던 것입니다.

루터만 아닙니다. 한때 핍박자였던 바울도 마찬가지였습니다. 아니, 바울뿐 아니라 주님을 믿은 자들, 특히 예수님의 십자가와 부활을 믿은 사람들은 모두 다 변화된 삶을 살았습니다. 자기 삶은 물론 세상을 바꾸어 나가는 놀라운 믿음의 사람으로 바뀌었습니다.

오늘 우리는 전염병이라고 하는 거대한 검은 구름 속에서 허덕이고 있습니다. 이 큰 어려움과 더불어 개개인에게 다가오는 개별적 위기까지 생각하면 너무 초조하고 두렵습니다. 그런 우리에게도 십자가와 부활을 믿는 믿음이 필요합니다.

그렇다면 십자가와 부활에 대체 무엇이 있기에 이처럼 수많은 사람을 변화시켰고, 지금도 변화시키고 있을까요? 그러한 십자가와 부활이라면 오늘 나도 새롭게 변화시킬 수 있지 않을까요?

〈 살아 있는 소망

첫째, 십자가와 부활에는 절대 희망이 있습니다.

19세기 철학자 쇠렌 키르케고르(Søren Kierkegaard)는 "인생이란 불안이라는 열차를 타고 절망이라는 터널을 지나서 죽음이라는 종착역에 도착한다"고 말했습니다. 이처럼 인간에게 필연적으로 존재하는 절망 가운데서도 가장 근원적인 절망은 무엇일까요? 인간은 모두 다 죽는다는 사실입니다.

죽음은 어느 누구에게나 동일하게 다가옵니다. 죽음은 모든 것을 단절시키기에, 인간은 죽음에 대한 본능적인 두려움을 가지고 있습니다. 그런데 성경은 죽음이 죄로부터 왔다고 말합니다. 모든 사람이 죄를 범하였으므로 모든 사람에게 죽음이 찾아왔다고 합니다.

인간은 죽음의 문제를 해결할 수 없습니다. 가장 중요한 문제를 해결할 수 없는 것이 인간의 한계입니다. 그래서 인생에서 죽음이 바로 절대 절망이 된 것입니다. 인간에게는 죽음의 근원이 되는 죄의 문제를 해결할 방법이 없기 때문에 죄의 결과인 죽음을 받아들일 수밖에 없었습니다. 게다가 성경은 한 가지를 더 전합니다. 죽음 후에는 심판이 있고 영원한 형벌이 있다는 것입니다. 이것이 바로 모든 인간이 처한 절대 절망의 현실이었습니다.

죄로 인해 죽음에 이르는 죄 문제를 해결하시기 위해 하나님이 구원의 길을 여셨습니다. 그 약속이 바로 예수 그리스도의 십자가와 부활인 것입니다. 진정한 희망은 사람에게서 나오는 것이 아니고, 환경에서 비롯하는 것도 아니며, 오직 하나님께로부터 옵니다. 하나님은 언약대로 예수 그리스도의 십자가와 부활을 통해 죽음을 이기는 길을 열어 주셨습니다. 그래서 십자가와 부활에 절대 희망이 있는 것입니다.

바울은 고린도전서 15장 3-4절에서 "내가 받은 것을 먼저 너희에게 전하였노니 이는 성경대로 그리스도께서 우리 죄를 위하여 죽으시고 장사 지낸 바 되셨다가 성경대로 사흘 만에 다시 살아나사"라고 선포했습니다. 몸으로 부활하신 예수님은 여러 사람에게 나타나 자신을 증거해 보이셨습니다. 바울은 예수님이 육체를 가지고 부활하셨기에 우리도 육체가 부활하는 소망을 갖게 되었다고 말했습니다. 그리고 이어지는 14절에서는 "그리스도께서 만일 다시 살아나지 못하셨으면 우리가 전파하는 것도 헛것이요 또 너희 믿음도 헛것이며"라고 말했습니다.

기독교의 소망은 도덕적으로 살거나 공로를 쌓았을 때 주어지는 것이 아닙니다. 기독교의 소망은 하나님이 열어 주신 것으로, 하나님의 일방적인 선물입니다. 예수 그리스도가 나를 위해 이 땅에 오셔서 십자가에서 피 흘려 나를 구속해 주셨다는 사실과 그 예수님을 하나님이 부활시키셨다는 사실을 믿는 사람에게 하나님이 주시는 선물입니다.

"우리 주 예수 그리스도의 아버지 하나님을 찬송하리로다 그의 많으신 긍휼대로 예수 그리스도를 죽은 자 가운데서 부활하게 하심으로 말미암아 우리를 거듭나게 하사 산 소망이 있게 하시며"(벧전 1:3). 말로만 소망이 아닙니다. 죽은 소망이 아닙니다. 성경 속에만 있는 소망이 아닙니다. 예수 그리스도의 십자가와 부활로 말미암아 바로 오늘 내 삶 속에서 살아서 역사하는 생명력 있는 소망이, 산 소망이 우리에게 있게 되었습니다.

십자가는 사람들이 쉽게 믿을 수 있고, 받아들이기도 어렵지 않습니다. 왜냐하면 사람은 누구나 다 죽기 때문입니다. 단지 예수님이 십자가에 달려 돌아가셨다는 것 자체가 조금 비참하다는 생각이 들 뿐, 죽음에 대해서는 얼마든지 설명이 가능합니다. 그러나 죽은 사람이 부활했다는 사실은 증명해 낼 방법이 없습니다. 믿게 할 도리가 없습니다. 부활은 우리가 믿을 때 이해되는 하나님의 섭리요, 하나님의 신비입니다.

심지어 3년간 주님과 동행했던 제자들조차 부활하신 주님을 알아보지 못했습니다. 엠마오로 가는 두 제자를 생각해 보십시오. 그들은 주님이 그들의 영안을 열어 주신 후에야 자신들과 길을 걷는 내내 대화하시던 분이 지금 떡을 떼어 주시는 부활하신 예수 그리스도시라는 사실을 발견하게 되었습니다. 비로소 믿음의 눈이 열려 그 믿음의 눈으로 볼 때 자기 앞에 나타나신 부활의 생명의 현실을 볼 수 있게 된 것입니다. 지금 믿어지는 믿음의 역사가 우리에게 임하기를 바랍니다.

〉 부활의 능력을 따르는 삶

둘째, 십자가와 부활에는 하나님의 다스리심이 있습니다.

예수님이 부활하신 것은 사망 권세를 깨뜨리고 승리하신 것입니다. 세상의 많은 권세 중에 가장 무서운 권세이며 우리가 이기지 못하는 권세는 사망 권세입니다. 그런데 예수님이 사망 권세를 깨뜨리고 부활하셨습니다.

사도 바울은 "사망아 너의 승리가 어디 있느냐 사망아 네가 쏘는 것이 어디 있느냐"(고전 15:55)라고 말했습니다. 지금까지는 우리 삶의 모든 것을 사망이 지배했습니다. 그러나 예수님이 사망 권세를 깨뜨리고 부활하사 승리하심으로 사망권세가 통치하던 시대는 끝났습니다. 주님이 통치하시는 하나님 나라가 임했습니다.

우리의 부활은 마지막 때 주님이 임재하실 때만 일어나는 것이 아닙니다. 만약 그렇다면 우리는 이 세상에 미련을 둘 필요가 없습니다. 그러나 오늘 우리가 가져야 하는 소망은 부활하신 주님과 함께 지금 우리가 살고 있는 이 세상을 통치하는 것입니다. 죄와 악이 지배하는 이 땅 가운데 하나님의 통치하심이 일어나야 합니다.

누가 이 일을 할 수 있습니까? 주님의 부활을 믿는 백성인 우리입니다. 우리가 하나님의 약속을 붙들고 믿음 안에 살아갈 때 우리의 삶은 부활의 능력을 따라 살아가는 삶이 됩니다. 이전에 살던 삶이 아닙니다. 부활의 능력과 죄의 권세를 깨뜨리신 주님의 통치하심을 믿는 우리의 삶은 능력의 삶, 소망의 삶이 됩니다. 예수 그리스도와 함께 산 소망을 가진 삶을 살게 되는 것입니다. 우리의 겉사람은 낡아지나 속사람은 날마다 새로워집니다.

이처럼 우리는 하나님의 능력으로 부활의 삶을 살아야 합니다. 부활의 삶은 바울의 고백처럼, 내 안에 예수 그리스도가 사시는 삶이요, 부활의 소망을 품고 사는 삶입니다.

언젠가 강남세브란스병원의 암센터 소장이었던 이희대 박사님을 만났습니다. 함께 식사하고 또 복음을 전할 기회가 있었습니다. 당시 그분은 예수 그리스도를 전혀 믿지 않는 분은 아니었지만, 제가 전하는 하나님의 말씀을 일반적인 이야기처럼 편안하게 들었습니다.

그런데 그분이 2003년 대장암에 걸린 후 무려 12회나 암이 재발하는 어려움을 당하게 되었습니다. 이 박사님은 암 투병을 하면서도 암 환자를 치료했고, 암 환자에게 소망과 함께 위로와 생명을 주는 일을 계속했습니다. 그분의 암 투병기를 담은《희대의 소망》(두란노, 2007)을 보면, 그러한 삶을 살게 된 이유를 알 수 있습니다.

이 박사님은 암으로 인한 통증이 자기를 괴롭힐 때마다 자신이 진료했던 한 환자의 모습을 생각해 냈습니다. 그 환자는 암의 통증과 아픔에도 불구하고 오히려 의사인 자신을 위로하고 격려하면서 평안한 얼굴로, 죽음에 대한 두려움이 전혀 없이 투병을 이어 갔습니다. 그 모습이 너무나 인상적이었습니다. '왜 저토록 평안할까? 왜 의사인 나를 오히려 더 위로하고 격려할까? 그 힘은 어디서부터 나오는 것일까?' 하며 고민할 때 그가 얻은 확신이 있습니다. '영생의 소망을 가지고 있구나! 부활의 소망을 가지고 있구나' 그제야 이 박사님은 자신이 추상적으로만 알던 바로 그 부활의 소망의 실체를 발견했습니다.

그러자 자신의 삶이 단순히 또 하루를 살아가는 삶이 아니라, 하루하루 죽어 가는 삶이 아니라 부활을 향해 가는 삶으로 다가왔습니다. 그리고 마음속에 이런 울림이 왔습니다. '나도 저렇게 살아야지.'

이후 이희대 박사님은 자신도 암에 걸려 고통과 아픔을 겪고 있지만 그 고통의 지배를 받지 않고 오히려 암으로 투병하는 사람들을 진료하면서 위로하고, 소망을 심어 주고, 생명력을 불어넣어 주었습니다. 그렇게 최선을 다하고 하나님 나라로 부르심을 받았습니다.

부활을 믿는 사람의 삶은 죽음을 향해 달려가는 사람과는 전혀 다릅니다. 날마다 죽음으로 다가가는 사람의 삶과 부활을 향해 가는 사람의 삶은 오늘 분명히 다릅니다. 삶의 방향과 목적도 다르고, 삶의 활력도 다릅니다. 부활을 믿는 사람은 하나님이 그를 통치하십니다. 생명의 주님이 그를 다스리십니다.

사망을 깨뜨리신 주님의 부활이 바로 나의 부활이 되며 나의 소망임을 믿음으로 고백하고 부활을 향해 달려가기 바랍니다.

〉부활의 산 증인

셋째, 십자가와 부활에는 증인의 삶이 있습니다.

십자가와 부활이 어떻게 사람을 치유하고 세상을 변화시킬 수 있습니까? 그러한 역사는 부활의 소망을 전파하는 사람들의 삶을 통해서 이루어집니다. 예수 그리스도의 부활이 알려지고 전해진 것은 부활을 경험한 사람들이 증거하고 전파했기 때문입니다. 그들은 땅끝까지, 그리고 세상 끝 날까지 십자가와 부활의 복음을 전하기 원했습니다.

바울은 고린도전서 15장 5-8절에서 부활하신 예수님을 만난 증인들을 소개합니다. 베드로를 비롯한 12제자와 500여 형제들과 야고보와 모든 사도와 그리고 마지막에는 만삭되지 못하여 난 자 같은 자신에게도 부활하신 예수님이 자신을 보이셨다고 했습니다. 그들은 모두 예수님의 부활을 믿지 않았던 사람들입니다. 부활하신 주님이 그들에게 친히 나타나시어 부활의 산 증인이 되신 것입니다.

바울은 이어지는 10-11절에서 이렇게 고백했습니다. "그러나 내가 나 된 것은 하나님의 은혜로 된 것이니 내게 주신 그의 은혜가 헛되지 아니하여 내가 모든 사도보다 더 많이 수고하였으나 내가 한 것이 아니요 오직 나와 함께하신 하나님의 은혜로라 그러므로 나나 그들이나 이같이 전파하매 너희도 이같이 믿었느니라."

바울은 하나님의 은혜로 나를 바꾸신 주님, 나의 삶의 방향과 기준과 목적을 바꾸신 부활하신 주님을 증거하는 증인으로 살아갔습니다. 그리고 그 일을 혼자만 한 것이 아니라 다 같이 믿고 다 같이 전파했다고 말했습니다. 이처럼 부활의 소식은 하나님의 사람들을 통해 계속해서 증거되었습니다.

우리도 예수님의 십자가 죽음과 부활을 증거하고 전파하는 삶을 살아야 합니다. 왜냐하면 십자가와 부활은 복된 소식이기 때문입니다. 여기에 참 생명이 있기 때문입니다. 절대 희망이 바로 십자가와 부활 사건 속에 있다는 사실을 우리는 믿음으로 증거할 수 있어야 합니다.

영국의 윌리엄 제닝스 브라이언(William Jennings Bryan)은 이집트 카이로를 방문했다가 3,000년 된 미라에서 곡식 단지를 발견했습니다. 그 속에는 완두콩이 있었습니다. 그 완두콩은 무려 3,000년이나 됐기 때문에 돌멩이처럼 단단하고 쪼글쪼글해서 도무지 생명이 있어 보이지 않았습니다. 그러나 그 완두콩을 가져가 심었더니 정말 놀랍게도 싹이 나고 잎이 생기더니 열매를 맺었습니다.

그는 어떻게 3,000년이나 되어 죽은 완두콩이 땅에 심기자 다시 살아났는지 정말 신기했습니다. 그러면서 마음속에 확신을 갖게 되었습니다. '하나님의 형상대로 창조된 우리 인생도 죽음으로 끝이 아니다. 반드시 하나님이 약속하신 영원한 생명이 있다.' 그 후 그의 인생은 달라졌습니다. 부활을 증거하는 증인으로서의 삶을 시작했습니다. 주님이 부활하신 것처럼 우리에게도 부활이 있다고 전했습니다. 1년생 식물에게도 부활이 있는데, 하물며 하나님의 형상으로 창조된 우리가 부활하지 않겠냐면서 말입니다.

사도행전은 예수 그리스도의 십자가와 부활을 증거하는 이야기로 가득합니다. 초대 교회 성도들은 죽음의 위협에도 주저하지 않고 복음을 전했습니다. 베드로와 요한은 공회에서 공적으로 복음을 전했습니다. 감옥에 갇히면서도, 고문을 당하면서도 예수님의 십자가와 부활을 전했습니다. 예수 그리스도의 십자가와 부활은 진리이고, 생명이고, 내 삶의 두려움과 불안을 이겨 나갈 소망이기 때문입니다.

～

미국 인디애나주 알렉산드리아 몬로 고등학교에서 함께 교사로 근무하던 빌 가이더(Bill Gaither)와 글로리아(Gloria)는 사랑에 빠졌습니다. 남편인 빌은 음악을 좋아하고, 아내인 글로리아는 영어를 전공해서 글 쓰는 것을 좋아하기 때문에 두 사람은 음악을 만들고 가사를 지어 곡을 만들며 매우 행복한 삶을 살았습니다.

결혼해서 자녀들을 낳고 다복한 삶을 살던 어느 날, 그 가정에 불행의 그림자가 닥쳐왔습니다. 빌이 그만 단핵구증이라는 전염병에 걸려서 지독한 무기력증을 앓게 된 것입니다. 의욕이 없어 방에서 꼼짝도 하지 않았습니다. 살아 있는데 죽은 사람과 마찬가지였습니다. 글로리아는 마음에 근심이 되었습니다. 셋째 아이를 임신한 채 아무것도 하지 못하는 남편을 돌보며 살아야 하는 삶이 너무나 암담해 절망스러웠습니다. 근심과 걱정이 그녀의 삶을 덮었습니다.

한 해가 지나고 새해가 되었을 무렵, 글로리아가 말씀을 묵상하는 중에 살아 계신 하나님의 어루만지심이 그녀의 마음을 움직이기 시작했습니다. 마음속에 갑자기 두려움과 염려와 걱정 대신 '하나님은 살아 계신다'라는 사실이 가득 찼습니다. 그 순간, 하나님이 영감을 주셨고, 그녀는 이렇게 적었습니다. "그분이 살아 계시기에 나는 미래를 직면할 수 있습니다. 그분이 살아 계시기에 모든 두려움은 사라지고 내 모든 미래는 그분이 붙들고 계심을 압니다. 그분이 살아 계시기에 오늘 나의 삶은 살아야 될 가치가 있습니다."

우리말로 번역된 찬양 가사는 이렇습니다. "살아 계신 주 나의 참된 소망 걱정 근심 전혀 없네 사랑의 주 내 갈 길 인도하니 내 모든 삶의 기쁨 늘 충만하네."

빌과 글로리아는 이 곡이 많이 알려져 사람들에게 사랑을 받게 된 후에도 이렇게 고백했습니다. "우리의 부르심은 음악을 만드는 것에 있지 않습니다. 그리스도의 실재를 전하는 것입니다." 그들은 지금도 살아 계신 주님을 전하는 것이 자신들의 사명이라고 했습니다.

이것이 바로 고린도 지역에 전해진 부활의 복음이었습니다. 초대 교회 성도들은 부활절이면 "주님이 부활하셨습니다"라고 인사했습니다. 그러면 상대방은 "진실로 주님이 부활하셨습니다"라고 화답했습니다. 험하고 지친 세상을 살 때 주님이 지금도 살아 계시고 부활하셔서 오늘 당신과 함께하고 계신다는 사실을 일깨워 주는 인사입니다. 이를 통해 그들은 자기의 삶 속에 살아 계신 주님과의 동행을 잊지 않고 부활의 능력으로 살아갈 수 있었습니다.

부활하신 주님이 지금 우리와 함께하십니다. 세상 끝 날까지 결코 우리를 포기하지 않으시고 붙드실 살아 계신 주님과 함께 부활의 능력을 체험하고, 부활의 능력으로 살아갑시다.

복된 인생을
사는
영적 원리

시편 1:1-6

우리 인생에는 연습과 반복이 없습니다. 사람들은 단 한 번밖에 살 수 없습니다. 그렇기에 '한 번 사는 인생, 행복하게 살면 좋겠다'라는 마음을 누구나 다 가지고 있습니다. 그런 이유로 "어떻게 하면 우리가 행복하게 살까?"라는 주제를 놓고 여러 연구가 많이 진행되었고, 지금도 연구 중입니다.

그중에서 하버드 대학의 알리버 교수가 1938년에 시작하고, 30년 뒤인 1967년에 조지 베일런트(George Vaillant) 박사가 이어받은 '종단 연구'라는 연구가 매우 흥미롭습니다. 종단 연구란 오랜 기간에 걸친 연구를 말하는데, 하버드 법대생들 중 1939년부터 1942년까지 268명을 대상으로 조사가 시작되어 무려 75년 이상 이어졌습니다. 그들이 어떻게 살아가는가를 분석하고 10년마다 보고서를 내도록 되어 있습니다.

이 대단한 연구의 목적은 '행복한 인생을 살아가는 데 필요한 조건'이 무엇인지를 찾기 위함입니다. 조사 결과, 7가지

요소를 찾았고(성숙한 방어 기제, 알코올 중독 경험 없음, 흡연량 많지 않음, 안정적인 결혼 생활, 규칙적인 운동, 알맞은 체중, 교육 연수) 그중 가장 눈에 띄는 하나의 요소가 '성숙한 방어 기제', 즉 '어려움에 대처하는 자세'입니다. 쉽게 말해, 고통에 대해서 반응하는 성숙한 태도가 행복한 인생을 살기 위한 중요한 요소라는 의미입니다.

우리의 인생은 고통을 떠나서는 살아갈 수가 없습니다. 흔히 사람들은 고통 자체가 우리를 불행하게 만든다고 생각합니다. 그러나 조사 결과에 의하면, 고난과 시련이 오더라도 어떤 자세로 대하느냐에 따라서 인생이 달라졌습니다. 우리에게 일어난 일 자체는 바꿀 수 없습니다. 하지만 그 일 앞에서 어떤 선택을 하느냐에 따라 우리 인생은 달라질 수 있습니다.

존 오트버그(John Ortberg)는 매 순간 수만 가지 선택의 기로에서 우리가 복된 인생을 선택하는 것을 가리켜 '하나님의 기회'라고 표현했습니다. 쉽게 말하면, 우리 인생이 매 순간 하나님이 주시는 기회를 어떻게 잘 활용하느냐에 달려 있다는 의미입니다. 이런 관점으로 성경을 보면, 성경은 하나님이 어떻게 하면 우리의 인생을 복 받는 인생으로 만들지를 알려주시는 내용으로 가득합니다.

구약에서는 하나님이 인간에게 주시는 '복'을 크게 두 가

지로 설명합니다. 먼저 히브리어 '바라크'라는 단어로, 구약에
약 15회 사용되었습니다. '바라크'는 하나님이 인간에게 주신
일반적인 복을 가리킵니다. 또 하나의 복은 '아샤르'로서, 구
약에서 약 44회 사용되었습니다. 주로 시가서에 많이 나오는
데, 하나님과의 인격적인 교제 가운데 하나님이 직접 베풀어
주시는 복입니다. 하나님의 말씀대로 사는 사람이 받는 복을
이야기합니다.

　학자들은 시편 1편을 소개하면서 시편 전체의 소론이면서
'정말 복 있는 인생은 어떻게 살아야 하는가?'에 대한 말씀으
로 가득 채워져 있다고 말합니다. 여기서 말하는 '복 있는 사
람'은 단순히 행복하게 잘 사는 사람을 의미하지 않습니다. 성
경에서 말하는 복 있는 사람은 하나님이 인정하시는 길을 걷
는 사람, 열매 맺는 인생을 사는 사람입니다. 그리고 시련이
와도 잘 견뎌 내는 사람, 형통한 길을 걷게 되는 사람입니다.

　이처럼 시편 1편은 우리가 어떻게 복 있는 사람으로 살아
갈 수 있는지를 우리에게 전해 줍니다. 복 있는 사람이 되려
면 어떻게 해야 할까요?

⟨ 내 삶의 우선순위

첫째, 하나님이 1순위인 삶을 살아야 합니다.

복 있는 사람은 하나님과의 관계를 가장 소중하게 여기는 삶을 사는 사람입니다. "복 있는 사람은 악인들의 꾀를 따르지 아니하며 죄인들의 길에 서지 아니하며 오만한 자들의 자리에 앉지 아니하고"(시 1:1). 여기서 시편 기자가 3회나 반복해서 '아니하며'라는 단어를 쓴 이유가 있습니다. 매 순간 어떤 상황에서든 하나님과의 관계가 끊어지는 것을 두려워하고, 하나님과의 관계에 우선순위를 두고 살아가라고 강조한 것입니다.

성경에서 '악인'은 하나님과의 관계가 끊어진 사람을 가리킵니다. 악인은 '하나님은 이 세상에 없다'고 생각하는 사람입니다. 그러므로 그는 하나님을 의식하지도 않고, 하나님께 의지할 필요도 못 느끼며, 하나님께 물어볼 생각조차 없습니다. 자기 생각을 따라, 세상의 환경이나 여건을 따라 삶을 살아갑니다.

그러다 보면 그는 자신이 원하든 원하지 않든 하나님을 대적하는 일을 선택하게 되고, 하나님의 뜻과 상관없이 일을 하게 되고, 그것이 곧 그의 가치관과 습관과 인격이 되어 악인의 삶을 살아가게 됩니다. 성경은 그 결과가 멸망이라고 합니다.

복 있는 사람은 자신은 하나님과의 관계를 떠나서는 결코 복된 인생을 살 수 없다는 사실을 압니다. 복의 근원이 하나님이시고, 자신의 생사와 복을 주관하시는 분이 하나님이심을 알기에 하나님과의 관계가 그의 삶에서 최우선순위가 됩니다.

바울은 에베소서 2장 1-3절에서 하나님과의 관계가 끊어지면 내가 내 인생을 선택하고 내 마음대로 살아간다고 생각하기 쉬운데, 사실은 그렇지 않다고 이야기합니다. "그는 허물과 죄로 죽었던 너희를 살리셨도다 그때에 너희는 그 가운데서 행하여 이 세상 풍조를 따르고 공중의 권세 잡은 자를 따랐으니 곧 지금 불순종의 아들들 가운데서 역사하는 영이라 전에는 우리도 다 그 가운데서 우리 육체의 욕심을 따라 지내며 육체와 마음의 원하는 것을 하여 다른 이들과 같이 본질상 진노의 자녀이었더니."

하나님과의 관계가 끊어지면 나도 모르는 사이에 나 자신이 아니라 내 안에 있는 육신의 정욕이 내 삶을 선택하게 됩니다. 또한 세상 풍조를 따르게 됩니다. 즉 이 세상이 흘러가는 흐름을 따라 선택하고 결정하며 산다는 것입니다. 그리고 또 하나, 사탄의 거짓말과 간계함이 인생을 좌지우지하고 내 삶을 움직여 나갑니다.

하나님 없이 살아가는 인생은 내가 하나님처럼 내 인생의 주인이 되어 살아간다고 생각하지만 착각에 불과하며, 사실 내 삶의 주인이 세상 풍조와 육신의 정욕과 사탄입니다. 이들 셋의 공통점은 우리를 멸망의 길로 인도한다는 것입니다.

하나님과 함께하지 못하는 인생은 하나님께로부터 복된 것을 공급받지 못해 그 마음이 공허해집니다. 인생의 의미와 삶의 목표를 찾지 못하고, 기준이 흔들립니다. 자기가 주인이 되어 자기가 기준이 되고, 자기가 원하는 것이 선이 되고, 자기가 가는 길이 바른길이라고 착각하면서 살아갑니다.

그를 가리켜 시편 1편은 헛된 길을 걷는 것이요, 겨와 같이 바람이 불면 없어지는 인생이라고 표현합니다. 시골에서 벼를 타작하고 나면 겨가 산더미처럼 쌓입니다. 대단히 많아 보이지만 바람이 한 번 휙 불면 한꺼번에 날아가 사라져 버립니다. 이처럼 이루어 놓은 업적이 아무리 많아 보여도 한순간에 사라지는 것이 겨와 같은 악한 자의 결론입니다. 결국 심판받을 수밖에 없는 길로 향할 뿐입니다.

자기 자신을 살펴보십시오. 내 마음에 하나님이 1순위가 아니시면, 언뜻 내 삶의 주인이 나인 것처럼 여겨지지만 사실 내 안에 숨어 있는 육신의 정욕이 주인 자리에 앉아 있는 것입니다. 그리고 세상 풍조를 따라 다른 사람이 인정하고 원하는 길을 선택하게 됩니다. 그러다 결국 거짓말과 이간질로 우리를 멸망시키는 사탄의 조종 아래 살아갈 수밖에 없습니다. 복 있는 사람은 이 영적 원리를 알기에 하나님과의 관계를 1순위에 놓고 하나님이 기뻐하시는 길을 걸어갑니다.

〈 오직 말씀을 기준 삼아

둘째, 말씀을 기준으로 삶을 살아야 합니다.

복 있는 사람은 하나님의 말씀을 자기 인생의 기준으로 삼는 사람입니다. 사람마다 자기가 생각하고 결정하는 자기만의 기준이 다 있습니다. 그러나 복 있는 사람에게 기준은 오직 하나님의 말씀입니다. "오직 여호와의 율법을 즐거워하여 그의 율법을 주야로 묵상하는도다"(시 1:2). 이 말씀을 메시지 성경은 "오직 하나님 말씀에 사로잡혀 밤낮 성경말씀 곱씹는 그대!"라고 의미를 살려 번역했습니다.

시편 기자는 왜 여기서 그냥 율법이 아니라 '여호와의 율법'이라 했을까요? 여호와의 율법은 어제나 오늘이나 내일이나 변함없는 말씀이기 때문입니다. "그러므로 모든 육체는 풀과 같고 그 모든 영광은 풀의 꽃과 같으니 풀은 마르고 꽃은 떨어지되 오직 주의 말씀은 세세토록 있도다 하였으니 너희에게 전한 복음이 곧 이 말씀이니라"(벧전 1:24-25). 하나님의 말씀은 변함이 없습니다. 어제 옳았던 말씀이 오늘 틀리고, 오늘 틀린 말씀이 내일 맞는 일이 없습니다. 하나님은 어제나 오늘이나 언제든지 동일하시며, 진리의 말씀도 영원히 동일합니다. 우리는 변함없는 말씀을 삶의 기준으로 삼아야 합니다.

시편 기자는 복 있는 사람은 여호와의 율법을 묵상하는 자라고 말했습니다. 여기서 '묵상한다'는 말은 하나님의 말씀을 자기 인생의 기준으로 삼고, 하나님의 말씀을 따라 살기로 마음을 다하고 뜻을 다하고 정성을 다하는 적극적인 삶의 모습을 가리킵니다.

묵상한다는 말을 동양적인 의미로 보면 잠잠히 침묵하며 하나님의 말씀을 생각하는 것을 떠올리는데, 원어의 뜻은 그렇지 않습니다. 예루살렘 통곡의 벽 앞에 선 사람들이 어떻게 기도하는지 본 적이 있습니까? 이스라엘에 가 보면 유대인들이 기도하는 모습을 볼 수 있는데, 몸을 앞뒤로 흔듭니다. 어린아이들도 얼마나 시끄럽게 기도하는지 모릅니다. 이것이 묵상한다는 말의 의미입니다. 내가 하나님 말씀을 인생의 기준으로 삼고 그 말씀대로 살겠다고 나 스스로에게 다짐하고 외치는 것이 바로 묵상하는 것입니다.

그렇다면 우리는 왜 여호와의 말씀을 붙들고 그 말씀대로 인생을 살겠다고 적극적으로 외치며 몸부림칠 때 복 있는 사람이 될 수 있는 것일까요? 바울이 디모데에게 한 권면을 보십시오. "그리스도 예수를 믿는 믿음으로 말미암아 구원에 이르는 길을 보여 주는 것은, 오직 기록된 하나님의 말씀 외에는 없습니다. 성경의 모든 부분에는 하나님의 숨결이 깃들어 있어 모든 면에서 유익합니다. 우리에게 진리를 보여 주고, 우리의 반역을 드러내며, 우리의 실수를 바로잡아 주고, 우리를 훈련시켜 하나님의 방식대로 살게 합니다. 우리는 말씀을 통해 온전해지며, 하나님께서 우리를 위해 마련하신 일을 이루어 가게 됩니다"(딤후 3:15-17, 메시지성경).

말씀 속에 지혜와 분별과 능력과 생명이 있기 때문에 하나님의 말씀을 붙들고 그대로 살려고 할 때 우리의 삶 자체가 저절로 복된 삶을 선택하며 살게 되는 것입니다. 하나님의 말씀 속에 진리가 있고, 교훈이 있습니다. 하나님의 말씀 속에 우리가 무엇이 틀렸는지를 가르쳐 주는 하나님의 책망이 있습니다. 하나님의 말씀 속에 우리가 어떻게 해야 바른길로 갈 수 있는지를 알려 주는 가르침이 있습니다.

하나님은 하나님의 말씀 속에 우리가 붙잡아야 하는 것과 놓아야 하는 것, 품어야 하는 것과 버려야 하는 것, 사랑해야 하는 것과 미워해야 하는 것을 알려 주셨습니다. 따라서 이러한 하나님의 말씀을 인생의 기준으로 삼고 사는 사람의 선택은 당연히 지혜로운 선택이 되고, 능력의 선택이 되고, 분별력 있는 선택이 될 수밖에 없습니다.

인생을 살면서 시련과 고난이 얼마나 많았습니까. 그러나 한편 그 시련과 고난을 통과하면서 마침내 이런 결론을 갖게 되지 않았습니까? "고난당한 것이 내게 유익이라 이로 말미암아 내가 주의 율례들을 배우게 되었나이다"(시 119:71). 좀 더 폭넓게 말하면 "나는 이 시련과 고난을 통해서 인생을 배

였다"라는 말과 똑같습니다. 더 직접적으로 말하면 "나는 이 시련과 고난을 통해서 이렇게 살아서는 안 되겠다는 것을 깨닫고 앞으로 어떻게 살아야 복된 삶인지 알게 되었다. 시련과 고난을 통해서 배웠다"라는 의미입니다.

그러므로 우리가 당하는 시련과 고난은 주님이 우리로 하여금 복 있는 선택을 하고, 지혜로운 선택을 하고, 능력 있는 선택을 하게 하시려고 하나님의 말씀을 인생의 기준으로 삼도록 훈련하신 과정입니다. 복 있는 사람은 하나님의 말씀을 인생의 기준으로 삼아 매사에 판단하고 선택하며 하루하루 살아가는 사람입니다.

〈 하늘의 복을 사모하는 사람

셋째, 하나님이 주시는 하늘의 복을 사모해야 합니다.

복 있는 사람은 하나님이 주시는 복을 사모하는 사람입니다. 시편 1편은 하나님이 복 있는 사람에게 주시는 복이 어떤 복인지를 말해 줍니다.

먼저, 하나님은 그를 시냇가에 심은 나무처럼 축복해 주십니다. 시냇가에 심은 나무는 주변 환경에 영향을 받지 않습니다. 가뭄으로 모든 식물이 타들어 갈 때 가장 복된 나무는 시냇가에 심긴 나무입니다. 주님이 복 있는 사람에게 복을 주실 때 그의 인생을 들어서 복 있는 바로 그 장소로 옮겨 주신다는 의미입니다.

그때 어떤 일이 일어납니까? 나무가 맺어야 할 열매를 맺듯이 그 사람 역시 당연한 사명을 감당하게 됩니다. 잎이 날 때 잎이 나게 만드시고, 꽃이 필 때 꽃이 피게 만드시고, 열매가 날 때 열매가 나게 만드셔서 나무의 역할을 다 할 수 있도록 하나님이 복을 주시는 것입니다. 이를 가리켜 성경은 "철을 따라 열매를 맺으며"(시 1:3)라고 표현합니다.

인생이라는 것이 내가 잘 살고 풍요롭게 살았다 해서 열매까지도 풍성한 것은 아닙니다. 자기 삶을 돌아보며 헛되다고 고백하는 사람이 적지 않습니다. 한편 내 인생에 고난과 시련이 많았다고 해서 잘못 산 인생이라고 말할 수도 없습니다. 오히려 그 고난과 시련이 삶에 귀한 열매가 되어서 보석처럼 내 삶을 아름답게 이끌 뿐 아니라 다른 사람에게 거룩한 영향을 주는 경우가 얼마나 많습니까.

어떤 사람은 내 인생이 황무지 한가운데 있는 것 같다고 생각할 수 있습니다. 사실 우리의 출생 자체가 공평하지 않으며, 살아가는 삶도 공평하다고 말할 수 없는 것이 현실입니다. 어떤 사람은 태어나 보니까 인생 자체가 황무지일 수도 있습니다. 그들은 종종 "내 인생은 왜 이렇게 척박할까? 고난으로 점철된 삶이다"라고 한탄합니다.

여기서 우리는 '시냇가'에 주목해야 합니다. 시냇가는 이스라엘의 지형상 비로 인해 생기는 하천이 아니라, 누군가 의도와 목적을 가지고 고랑을 파서 물을 흘려보내서 만든 시냇가를 말합니다. 비록 황무지 한가운데 난 마른 나무 같은 인생이라 할지라도 하나님은 황무지에 고랑을 파서 물을 흘려보내서 만든 시냇가에 그를 옮겨 심어 복 받는 인생이 되게 하겠다고 약속하셨습니다.

'시냇가'에 심은 나무가 되기를 바랍니다. 불행이나 운명이나 조건은 중요하지 않습니다. 그 모든 시련과 고난이 바뀌어서 복이 되는 놀라운 역사가 일어날 것입니다.

〉 하나님과 동행하는 인생길

넷째, 인생길을 하나님과 동행해야 합니다.

하나님이 복 있는 사람에게는 주시는 또 하나의 복은 형통한 인생길입니다. 우리 인생길에는 넓은 길과 좁은 길이 있고, 편안한 길과 거친 길이 있고, 지름길과 둘러가는 길이 있습니다. 이 중에서 어떤 길이 형통한 길일까요? 흔히 넓은 길, 편안한 길, 지름길이 형통한 길이라고 생각하기 쉽습니다. 지혜자는 잠언 14장 12절에서 이렇게 말합니다. "어떤 길은 사람이 보기에 바르나 필경은 사망의 길이니라." 따라서 형통한 길은 내가 가야 하는 목적지와 연결된 길입니다. 아무리 넓고 편하고 빨리 가는 지름길이라 할지라도 목적지로 가지 않는 길이라면 결코 바른길, 형통한 길이라고 할 수 없습니다.

하나님이 우리를 가야 하는 목적지로 인도하실 때 때로는 좁은 길로 데려가기도 하십니다. 넓은 길이나 편안한 길로도 인도하시고, 거친 길이나 둘러가는 길로 안내하실 때도 있습니다. 여기서 한 가지 중요한 사실을 기억해야 합니다. 하나님은 어떤 길이든 그 길마다 친히 동행해 주겠다고 말씀하셨다는 사실입니다.

넓은 길이라고 다 좋은 길입니까? 성공한 후 더욱 비참해지는 사람들이 이 세상에 얼마나 많은지 모릅니다. 그러면 좁은 길이라고 다 좋을까요? 좁은 길을 가다가 넘어지고 쓰러져서 인생에 어려움을 겪는 사람이 얼마나 많습니까. 편안한 길이 좋습니까? 편안하게 사는 사람은 인생에 닥치는 저항을 견디지 못하고 쉽게 주저앉아 버립니다. 지름길이나 둘러가는 길도 마찬가지입니다.

그러므로 어떤 길을 가든 목적지와 닿는 그 길에 하나님이 동행해 주셔야 합니다. 넓은 길을 갈 때는 하나님이 분별력을 주셔서 가야 할 길로 가게 하시고, 좁은 길을 갈 때는 하나님이 위험하지 않도록 인도해 주십니다. 거친 길을 갈 때는 하나님이 단단한 신발을 준비시켜 주셔서 무사히 통과하게 하시고, 편안한 길을 갈 때는 방심하거나 유혹에 빠지지 않도록 하나님이 우리를 일깨워 주십니다. 지름길을 갈 때는 교만하지 않도록 하나님이 우리를 경계시키시고, 둘러가는 길을 갈 때는 끝까지 완주하도록 인내와 소망을 주십니다.

◆

우리가 정말 복된 인생을 살고 싶다면 복의 근원이신 하나님과의 관계에 우선순위를 두고, 하나님의 말씀을 인생의 기준으로 삼고, 하나님이 주시는 복을 사모해야 하며, 인생길을 하나님과 동행해야 합니다. 하나님이 주시는 복을 받아 누려 진정 복 있는 사람의 삶을 살게 되기를 바랍니다.

어떤 길을 가든
목적지와 닿는 그 길에
하나님이 동행해 주셔야 합니다.
넓은 길을 갈 때는
하나님이 분별력을 주셔서
가야 할 길로 가게 하시고,
좁은 길을 갈 때는
하나님이 위험하지 않도록
인도해 주십니다.